2,50€

Kavalkade

Ratgeber

Ulrike und Christiane Gast

Die Gelände-Reitabzeichen

KOSMOS

Gelände – ABC 38

Service 46

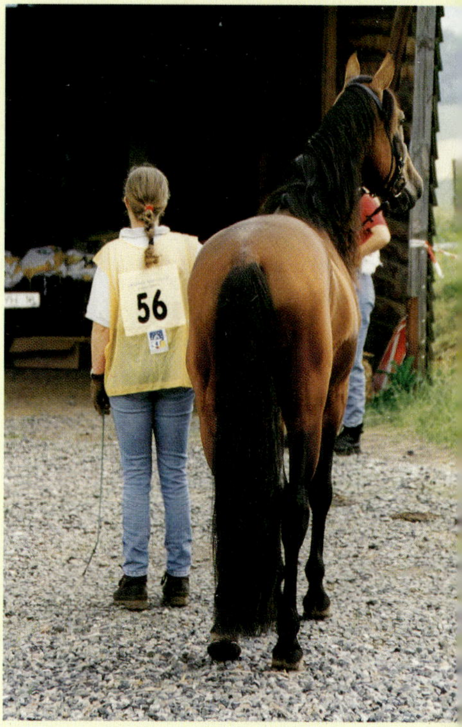

Der neue Trend

Jawohl, Sie liegen genau richtig mit Ihrer Vermutung, dass die weitaus meisten Reiter ihren wundervollen Sport nicht im Turniersattel sondern alternativ betreiben. Das heißt aber nicht, dass sie den Pferdesport weniger ernst nehmen – ganz im Gegenteil – sie sehen vieles nur ganz anders.

Folgerichtig bietet die Deutsche Reiterliche Vereinigung neben den Abzeichen, die für den Einstieg in den Turniersport und die Trainerkarriere unabdingbar sind, nun auch verstärkt Abzeichen für die Aktiven an, bei denen der Freizeitgenuss im Gelände, das Wir-Gefühl, das Erreichen persönlicher Wünsche und die Ausdehnung der eigenen Grenzen im Vordergrund stehen.

APO konkret

Neben dem etablierten **Reitpass** existieren daher seit der APO 2000 auch diese Angebote:

- **Jagdreitabzeichen** (Stufe 1 & 2)
- **Wanderreitabzeichen** (Stufe 1 & 2)
- **Distanzreitabzeichen** (Stufe 1 – 3)

Und genau davon handelt dieser Kosmos-Kavalkade-Ratgeber.

Gehören in Dorfmark einfach dazu: Die Jagdreiter

Familienfreundlich: Pferdesport

Er ist ein Muss für alle Reiter, die sich zielorientiert in den Sattel begeben, nach der klassischen Lehre arbeiten und trotzdem „ihr Zeug machen" wollen.

Natürlich benötigen Sie – erst einmal auf den Lektüre-Geschmack gekommen – weitere einschlägige Informationen und Bücher. Als Übersicht und Grundlage sind jedoch alle Titel dieser Reihe unübertroffen ... und wie es weitergehen kann, ist den unzähligen Internet- und Lektüre-Tipps auf den folgenden Seiten zu entnehmen.

Wir wünschen daher nur noch genau so viel Spaß beim Lesen wie beim Reiten im Gelände und beim Erlangen des einen oder anderen Abzeichens im Gelände!

Deutscher Reitpass

Stopp! Bitte unbedingt weiterlesen! Dieses Kapitel beinhaltet nicht etwa die x-te Auflage zu diesem Thema, sondern – nach Vorstellung der Anforderungen und Inhalte der APO im Überblick – einen möglichen TRAININGSPLAN zum erfolgreichen Erwerb des Deutschen Reitpasses.

Dieser Trainingsplan kann dann z. B. auch als Grundlage zum Erwerb weiterer Geländeabzeichen (s. Seite 10, 28 und 34) dienen – er muss nur entsprechend umgebaut oder ergänzt werden – aber mit diesem Beispiel zur Hand ist auch das sicherlich kein Problem!

Die Aufgabe des Reitpasses ist u.a. ...

- die Anhebung des reiterlichen Könnens.
- die Förderung des bewussten und schonenden Umgangs mit Natur und Umwelt.
- die Vertiefung des Verständnisses für die Belange anderer Erholungssuchender, der Land- und Forstwirtschaft sowie des Jagdwesens.
- Sicherheit und Ordnung beim Ausreiten zu optimieren.

Interesse an der Mitverantwortung für das Kulturgut Pferd und die Natur reichen allerdings nicht ganz als Zulassungsvoraussetzung, die lauten ...

Früh übt sich, wer später ein Meister im Gelände werden möchte.

APO konkret

- Es gibt kein genau datiertes Mindestalter – verlangt ist jedoch eine körperliche und geistige Mindestreife.
- Ein angemessenes reiterliches Können wird ebenso vorausgesetzt.
- Der Besitz des Basispasses Pferdekunde ist Voraussetzung.
- Pro Pferd (4-jährig und älter) sind nicht mehr als 2 Bewerber erlaubt! Selbstverständlich sollten Pferde/Ponys den Anforderungen (s.u.) entsprechen.

Wie bei den Geländeabzeichen üblich, besteht die Prüfung aus einem praktischen und einem theoretischen Teil, die an einem Tag bzw. an zwei aufeinander folgenden Tagen abzulegen sind. ***Zulässig sind alle Reitweisen!***

Die Anforderungen

APO komprimiert

Praxis:

- Vorbereiten des Pferdes zum Ausritt! (Putzen, Satteln, Zäumen)
- Reiten in allen Gangarten! (Kolonnenreiten inkl. Überholen und Begegnen, Einzelgalopp von Punkt zu Punkt, Wegreiten von der Gruppe)
- Überwinden kleinerer natürlicher Hindernisse / Straßenüberquerung! (Kletterstellen, Wasserein- und -durchritte wären da beispielhaft zu nennen)
- Versorgung des Pferdes bei Rast oder Unfall!

auf Bewerberwunsch zusätzlich:

- Springen von vier festen Hindernissen (bis zu 80 cm hoch) im Gelände

APO komprimiert

Theorie:

- Grundkenntnisse der Reitlehre! (speziell benannt: Sitz, Hilfen, Gangarten)
- Grundkenntnisse der Pferdehaltung! (Stichworte hier: Pflege, Fütterung, Tränken, Anzeichen von Krankheiten, Giftpflanzen)
- Reiterliches Verhalten und Umweltschutz! (als da wären: Begegnung mit Fußgängern, Rücksicht auf Jagd, Land-& Forstwirtschaft)
- Reiten im Straßenverkehr! (konkret: Reiten im Verband, Verkehrsregeln)
- Unfallverhütung! (z. B. Ausrüstung von Ross und Reiter, Verladen, Anbinden)
- 1. Hilfe für Reiter und Pferd! (Unfall – Was tun?! Akute Pferdekrankheiten – was nun?!)
- Rechtsvorschriften! (einschlägige §§ a.d. Tierschutzgesetz, dem Straßenverkehrsrecht, Reiten in Feld und Wald sowie über Tierhalterhaftung und -versicherung)

Lautet das Prüfungsergebnis in beiden Teilprüfungen „bestanden“, händigt die Prüfungskommission im Auftrag der FN das Abzeichen für die bestandene Prüfung aus und das Urkundenheftchen wird unterschrieben und mit Stempel versehen durch die Landeskommission zugeschickt. Der Grundstein für alle weiteren Geländeabzeichen wäre also gelegt, und damit aus dem guten Vorhaben auch wirklich etwas wird – hier nun der bereits angekündigte Trainingsplan für Theorie und Praxis. Wem die Schlagworte nicht ausreichen, der sieht am Besten entweder im ABC oder in den anderen Kapiteln nach, wo vieles doch noch ausführlicher erklärt wird!

Möglicher TRAININGSPLAN zum Deutschen Reitpass

Woche 1:

1. Tag – Theorie:

- Überprüfung der Grundkenntnisse in der Pferdehaltung
  - Pflege / Fütterung / Tränken
  - Beschaffenheit eines Stalles
  - Veterinärkunde (Anzeichen von Krankheiten)
- Ausrüstung des Pferdes und des Reiters
  - Sattel, Trense und Gebisse (verschiedene Arten und Formen)
  - Hilfszügel (und ihre Einsatzgebiete)
  - Gamaschen und sonstige Schutzausrüstungen

Gamaschen und Neopren-Glocken

- Überprüfung der Grundkenntnisse in der Reitlehre
  - Sitzarten
  - Hilfengebung
  - Gangarten

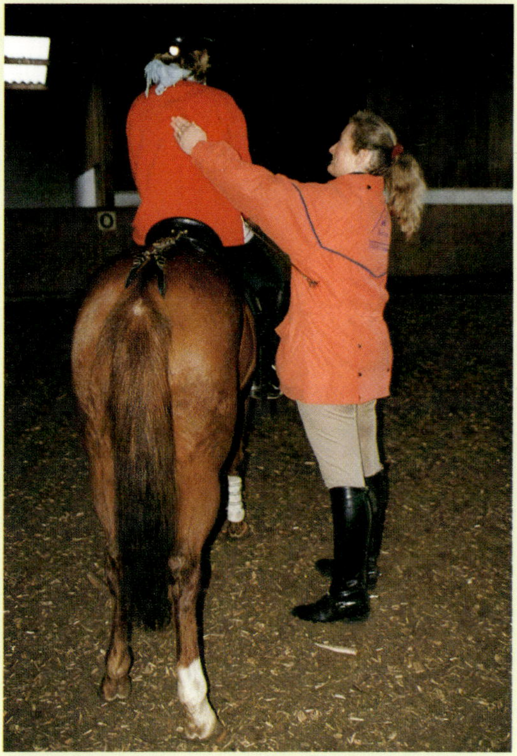

Sitzkorrektur

2. Tag – Praxis in der Reithalle

- Überprüfung der Hilfengebung
- Reiten mit kurzen Bügeln im Leichten Sitz
- Erklären und Ausüben der gestellten Anforderungen wie z. B. Kolonnenreiten (nebeneinander, überholen, gegeneinander) zunächst im Schritt und Trab. Der Ausbilder ist hier gefordert zu erkennen, welche Pferde gut nebeneinander her gehen und welche Pferde am Anfang bzw. Ende gehen können / sollten.

3. Tag – Praxis im Gelände

- Beim ersten gemeinsamen Ausritt sollte hauptsächlich Schritt geritten werden. (Achtung, immer auf den schwächsten in der Gruppe Rücksicht nehmen und sich an ihm/ihr orientieren!)
- Die Teilnehmer lernen die Geländestrecke (mit all ihren Vor- und Nachteilen wie z. B. Straße / Modellflugplatz o.Ä.) kennen, die der Ausbilder jedoch genau kennen sollte!

Woche 2:

1. Tag – Theorie:

- Wie wird das Pferd / die Pferde vor / während (bei einer Rast) und nach dem Ausritt versorgt?
- Giftpflanzen:
  - Wie sehen sie aus?
  - Woran können sie erkannt werden?
  - Was ist zu tun, wenn ein Pferd doch etwas davon gefressen hat?
  - Was für Anzeichen weisen darauf hin?
- Reiterliches Verhalten und Umweltschutz:
  - „Zeichensprache" und Verständigung innerhalb der Gruppe / des Verbandes bei Gangartwechsel!
  - Begegnung mit anderen Reitern, Kutschfahrern, Fußgängern o.Ä.!
  - Rücksicht auf Jagd, Land- und Forstwirtschaft!

2. Tag – Praxis in der Reithalle:

- Reiten im Leichten Sitz über Bodenwellen (Cavalettis) und um Ständer in allen drei Grundgangarten.
- Zu zweit nebeneinander galoppieren.
- „Trockentraining" einer Straßenüberquerung.

3. Tag – Praxis im Gelände

- Reiten in allen drei Grundgangarten hintereinander und zu zweit nebeneinander (paarweise).

Woche 3:

1. Tag – Theorie

- Reiten im Straßenverkehr
  · Reiten im Verband
  · Verkehrsregeln
  · Ausrüstung von Reiter und Pferd bzgl. Sicherheit bei der Teilnahme im Straßenverkehr und bei Dunkelheit

Safety first

- Unfallverhütung
  · vor einem Ausritt: Überprüfung der Ausrüstung u.Ä.
  · während dem Ausritt: Verhalten gegenüber dem Pferd und anderen Teilnehmern
  · nach einem Ausritt: Versorgen und Verladen
- 1. Hilfe für Reiter und Pferd
  · Verhalten bei Unfällen von Reiter und Pferd
  · Akute Krankheiten / Verletzungen beim Pferd

Straßenüberquerung

2. Tag – Praxis im Gelände

- Überholen anderer Teilnehmer
  · mit Vorankündigung
  · mit genügend Abstand
  · in angemessenem Tempo
- Einzelgalopp von Punkt zu Punkt

3. Tag – Praxis im Gelände

- Wegreiten von der Gruppe
- Straßenüberquerung
- Überwinden kleiner natürlicher Hindernisse

Woche 4:

1. Tag – Theorie

- Rechtsvorschriften
  · Straßenverkehrsrecht
  · Reiten in Feld und Wald
  · Tierschutzgesetz
  · Tierhalterhaftung und -versicherung
- Die ethischen Grundsätze des Pferdefreundes

2. Tag – Praxis im Gelände

- Generalprobe:
  · alle Situationen / Anforderungen noch einmal „durchspielen"
  · alle Regeln wiederholen

Achtung:

Auch wenn man nun die Geländestrecke genau kennt (oder vielleicht gerade deswegen) kann es noch zu äußeren unvorhergesehenen Situationen (Wildwechsel, streunender Hund, ausgebrochene Rinder, Mountainbikefahrer, ...) kommen, bei denen immer Ruhe bewahrt werden muss!

- anschließend (nach Versorgung der Pferde): Zusammenfassung:
  · Besprechung der Geländestrecke
  · Offene Fragen
  · Besprechung des Prüfungstages

Aufgesessen zur Reitpass-Prüfung

3. Tag – Prüfung

- frühzeitiges Eintreffen der Teilnehmer
- Vorstellung der Richter / Prüfer durch den Ausbilder
- Teil 1: Geländestrecke
- Versorgen der Pferde und kurze Pause
- Teil 2: Theorie
- Verkünden der Ergebnisse

Wichtig

Hier noch ein paar allgemeine – aber dennoch sehr wichtige Hinweise:

- ein Abzeichen hat immer den Stellenwert, den der Ausbilder im Zusammenhang mit entsprechenden Abzeichen vermittelt und den die Absolventen ihm danach zu geben bereit sind!
- der Ausbilder (aber auch die Teilnehmer) sollte sich im Klaren darüber sein, dass bei allen Aktiven gewisse Grundlagen vorhanden sein müssen und das Training und die Prüfung mit viel Arbeit (und Einsatz) verbunden ist!
- Aufgaben des **Ausbilders**, des Vereinsvorstandes, der Eltern und auch der **erwachsenen Teilnehmer** sind u.a.:
  · Aussuchen der Geländestrecke (evtl. Verhandlungen mit Land- und Forstwirten, Jagdpächtern oder Jägern)
  · nötige Hindernisse erstellen bzw. Naturhindernisse so zu verändern, dass sie dienlich (und ohne Risiko zu bewältigen) sind
  · genügend Ersatzpferde zu organisieren (und damit auch zu üben)
  · am Prüfungstag „taugliche" Pferde für die Richter zur Verfügung zu haben
  · entsprechend „reitende" Richter einzuladen
  · den theoretischen und natürlich auch praktischen Unterricht so zu gestalten, dass die Teilnehmer (Reiter und Pferde) auch am Prüfungstag noch voll motiviert sind.

Zur Erinnerung:

Dieser Trainings-/Zeitplan ist kein Muss! Er sollte im Gegenteil flexibel den Möglichkeiten vor Ort angepasst werden – auch wenn er im Original bereits mehrfach erfolgreich realisiert wurde. Außerdem

macht er sicherlich deutlich, dass der Dt. Reitpass nicht mal so eben im „Vorbeireiten“ zu erhaschen ist. Reiter & Pferd müssen gezielt vorbereitet, d.h. praktisch und theoretisch fit gemacht werden. Aber jeder Schweißtropfen, jede Trainingseinheit hat sich gelohnt, wenn es am Ende heißt >>bestanden<< und außerdem ist an andere Abzeichen im Gelände erst dann zu denken, wenn man ihn besitzt:
den Deutschen Reitpass!

Reitpassinhaber = fit für alle Geländeabzeichen

Die Jagdreitabzeichen

Das Jagdreitabzeichen (Stufe 1)

Die Jagd zu Pferde hat eine wahrlich lange Tradition. Natürlich ist das, was schon vor Christi Geburt praktiziert und erwähnt wurde, nicht mehr identisch mit dem, was heutzutage deutschlandweit mit Faszination betrieben wird – aber unsere allseits bekannten „Fuchs“- und Schleppjagden sind zweifelsfrei die unblutigen Nachfolger einer der ältesten Arten des Reitsports – dem Jagdreiten.

Natürlich kann dieser traditionsreiche Pferdesport auch ganz ohne Abzeichen betrieben werden – genau wie die Teilnahme am Reitturnier auf unterstem Niveau auch ohne Reitabzeichen möglich ist. Da das Reiten im springenden Feld bei einer Schleppjagd jedoch theoretisch und praktisch hoch anspruchsvoll ist und einiges von Reitern, Pferden (und Hunden) verlangt, dürfen und sollten sich auch diese Aktiven mit einem Abzeichen schmücken, um das Niveau ihres Könnens anderen Pferdesportlern oder ganz Ahnungslosen gegenüber transparent zu machen. Im Gegensatz zur französischen Parforce-Jagd oder dem englischen bzw. irischen Foxhunting spricht nun wirklich nichts gegen die im deutschsprachigen Raum praktizierten Hubertus-, Fuchs- und Schleppjagden. Ganz im Gegenteil, diese hoch disziplinierten Naturnutzer mit all ihren Vorschriften eignen sich als Vorbild für alle wahrhaft ambitionierten Freizeitreiter, da sie neben ihren eigenen Interessen auch die der Landwirte, Jäger, Spaziergänger, Radfahrer und Naturschutzbehörden im Auge haben.

Verantwortungsbewusstes Verhalten im Sattel im Gelände eignet sich u.E. aber ebensowenig wie das Reiten lernen selbst für eine autodidaktische Vorgehensweise. Genau wie sich jemand, der das Reiten lernen will, einen geeigneten Verein oder Pferdebetrieb sucht, sollte sich der Jagdreiter in spe an entsprechende Organisationen oder Meuten in seiner Nähe wenden. Wir haben für Sie ins Internet geschaut, hier unser Surfergebnis „ohne Netz und doppelten Boden“:

- **www.drfv.de/seiten/diemeuten/mitte.html** Badische Dragoner Meute / Gottlieb-Daimler-Str.11 / 76694 Forst
- Badischer Schleppjagdverein / **www.meutejagd.de**
- Beagle-Meute Lübeck / **www.beagle-meute-luebeck.de**
- Böhmer Beagle Meute e.V. / Meutehof Nr.11 / 29693 Böhme
- Brandenburger Hunting-Club e.V. / Gestüt am Pichersee Forsthaus 15910 Gross Wasserburg
- Cappenberger Meute / Schwannenweg / 59368 Werne
- Frankenmeute / **www.frankenmeute.de**
- Hamburger Schleppjagdverein / Gut Schnede / 21444 Vierhöfen
- Hessen-Meute e.V. / **www.hessen-meute.de**
- Niedersachsen-Meute e.V. / **www.niedersachsenmeute.de**
- Nordd. Francais Tricolores Wiesenhof-Meute / Wiesenhof / 22889 Tangstedt
- Nordd. Jagd- und Rennverein zu Kiel e.V. / Dorfstr. 61 / 24229 Bönhusen
- Rhein.-Westf. Schleppjagdverein e.V. / Schwarzer Weg 16 / 58256 Ennepetal
- Süddeutscher Hunting-Club e.V. / Gaisburgstr. 7 / 70182 Stuttgart
- Schleppjagdverein Lipperland-Meute e.V. / Forsthausweg 15b / 32105 Bad Salzuflen
- Schleppjagdverein Beagle-Meute Münsterland e.V. / Forststr. 81 / 45768 Marl
- Schleppjagdverein Rhein-Main e.V. / Waldstr. 99 / 63179 Obertshausen
- Schleppjagdverein Sauerland e.V. / **www.sauerlandmeute.de**
- Schleppjagdverein Vogelsberg-Meute e.V. / **www.vogelsberg-meute.de**
- Schleppjagdverein von Bayern e.V. / **www.schleppjagd.de**
- Schleppjagdverein Warendorfer-Meute e.V. / **www.warendorfer-meute.de**
- Taunus-Meute e.V. / **www.taunusmeute.de**
- The Bavarian Bloodhounds / OT Paar / 86556 Kühbach
- Mecklenburg-Vorpommerscher Schleppjagdverein Frhr. Von Esebeck e.V. / **www.reiten-mecklenburg.de**
- **www.jagdhorn.de**
- **www.fena.at/Sparten/Jagd/jagd.htm**
- **www.reiterreisen-irland.de**
- **www.draghunting.com/bay.html**

Sie wollen mehr als einen Blick in das weltweite Netz? Sie wollen wissen, was einen Reiter zum Jagdreitabzeichenträger macht? Nun, laut **APO** (**A**usbildungs-**P**rüfungs-**O**rdnung) haben Bewerber folgende Zulassungsvoraussetzungen zu erfüllen ...

APO konkret

- Interessenten für das Jagdreitabzeichen (Stufe 1) müssen mindestens **12 Jahre** alt sein!
- Ein **Erste-Hilfe-Kurs**, der nicht länger als 4 Jahre zurückliegt, ist ebenfalls Voraussetzung!
- Last but not least muss der/die Bewerber/in im Besitz des **DRP** (Deutscher Reitpass) sein!

Der DRP wurde ja bereits im vorhergehenden Kapitel ausführlich vorgestellt.

Beim Jagdreitabzeichen haben die Bewerber erneut eine theoretische und eine praktische Teilprüfung zu absolvieren und das Prüfungsergebnis wird wiederum

nicht in Noten, sondern in bestanden (bzw. nicht bestanden) ausgedrückt. Nach bestandener Prüfung händigt dann die Prüfungskommission vor Ort eine Urkunde und das Abzeichen aus.
Dazu, welche Anforderungen im Rahmen der Prüfung an einem bzw. an zwei aufeinander folgenden Tagen zu absolvieren sind, nun mehr:

APO komprimiert

Praxis:

- **Vorstellung** eines Pferdes auf dem **Außenplatz!**
- **Geländeritt!** (Geordnetes Reiten in der Gruppe und Gruppengalopp in mehreren Tempi sowie das Überwinden von natürlichen Hindernissen.)

Theorie:

- **Grundkenntnisse in Pferdekunde & -haltung!** Pferdeversorgung bei Stops, PAT-Werte und ihre Aussage, Beurteilung des Hufbeschlags, Krankheiten erkennen & reagieren können
- **Grundkenntnisse des Reitens!** inkl. Ausrüstung des Pferdes / Anzug des Reiters beim Jagdreiten
- **Verhalten im Jagdfeld** (Fuchs-& Schleppjagd)! unter besonderer Berücksichtigung von Sicherheit & Tierschutz, Aufgaben der Jagdchargen und des jagdlichen Brauchtums (inkl. Hornsignale & Hunderassen)
- **Richtiges Verhalten im Straßenverkehr & in Feld und Wald!** unter Beachtung der gesetzlichen Bestimmungen (inkl. des Transportes von Pferden sowie des Tierschutzgesetzes)
- **Verhalten bei Unfällen!**

Das hört sich nicht nur viel an, das ist auch sehr umfangreich, aber um so erhebender ist dann sicherlich das Gefühl, wenn am Ende eines intensiven Lehrgangs und der entsprechenden Prüfung Urkunde(n) und Abzeichen überreicht bzw. entgegengenommen werden können.
Damit der praktische Teil ein voller Erfolg wird, sollten sich die Interessenten einen versierten Trainer (C oder höher) suchen oder sich an die bereits erwähnten Verantwortlichen einer Meute wenden. Die sorgen mit entsprechendem (Intensiv-)Training dann schon dafür, dass die nötige Sicherheit und Figur im Sattel bzw. im Gelände erreicht wird. Natürlich sind sie es auch, die den theoretischen Teil ausführlichst mit den Kandidaten bearbeiten. Aber damit niemand ganz unvorbereitet in einem Jagdreitabzeichen-Kursus landet, hier nun die wichtigsten Infos bzgl. der geforderten

Grundkenntnisse & Verhaltensregeln im Gelände

Grundkenntnisse in Pferdekunde &-haltung!

Natürlich wurde gerade diese Thematik schwerpunktmäßig beim Basispass Pferdekunde behandelt. Diese gilt es aufzufrischen und mit dem entsprechenden Praxisbezug in Punkto Gelände zu ergänzen. Selbstverständlich gilt dem vierbeinigen Sportkameraden im Gelände die volle Aufmerksamkeit. Stops eignen sich besonders gut, um zu überprüfen, dass nach wie vor alles in Ordnung ist. Die Ausrüstung ist ebenso zu kontrollieren wie insbesondere der (Gesundheits-) Zustand des Pferdes und das Aussehen des Beschlags inkl. der Hufe.
Je nach Länge der Unterbrechung ist abzusitzen, der Gurt zu lockern und evtl. eine Decke aufzulegen. Bei einem gut konditionierten Pferd sollten sich die Werte bzgl. Puls, Atmung und Temperatur möglichst schnell wieder den Ruhewerten nähern, als da wären:

PAT-Werte beim ausgewachsenen Pferd

	im Ruhezustand	bei großer Anstrengung
Puls	28 – 40	bis zu 220 Herzschläge pro Min.
Atmung	8 – 16	bis zu 80 – 100 Atemzüge pro Min.
Temperatur	37,5 – 38,3 °C	max. 41°C

Den Puls kann der/die Reiter/in an der Innenseite der Ganaschen seines Pferdes fühlen und die Atemzüge sind gerade nach Bewegung ganz gut am Rhythmus der Nüstern abzulesen.

Temperatur braucht in der Regel unterwegs nicht gemessen zu werden. Wenn andere Anzeichen dafür sprechen – Puls, Atmung und Temperatur bilden genau genommen nämlich eine Einheit – sollte aber auch eine Temperaturkontrolle erfolgen. Dabei ist es wichtig, dass das Thermometer nicht einfach so in den After eingeführt wird. Um negative Überraschungen zu vermeiden, sollte das Messgerät unbedingt mit einem langen festen Faden und einer Muffe präpariert sein.

Selbstverständlich wird die Jagd zu Pferd im Krankheitsfall auf keinen Fall fortgesetzt. Die tierärztliche Versorgung und der Rücktransport in den Stall sind sicherzustellen – egal was dem Vierbeiner fehlt.

Außer Besorgnis erregenden PAT-Werten kann sich das Pferd z. B. auch ein Eisen abgetreten oder etwas in den Huf getreten haben.

Denkbar wäre auch plötzliches Nasenbluten. Bei Vollblütern ist dies als Erbfehler bekannt und eine Behandlung eigentlich überflüssig, da nach sofortiger Ruhigstellung die Blutung zum Stillstand kommt. Sind jedoch z. B. ein Schlag, Sturz oder eine Vergiftung die Ursache, ist professionelle Hilfe bzw. Behandlung angesagt. Eine ebensowenig erfreuliche Verletzung ist z. B. eine Bänderdehnung oder gar ein Sehnenabriss.

Tierarzt mit Stethoskop

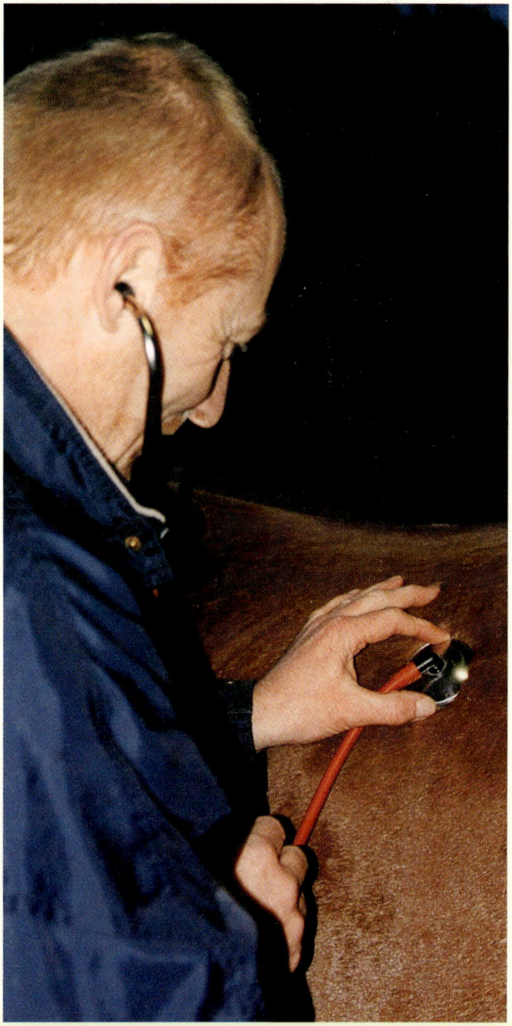

Übermäßige Beanspruchung oder ungeahnt unmögliches Gelände sind mögliche Ursachen. Bandzerreißungen führen zu einer abnormen Beweglichkeit oder Stellung im Gelenk. Die Aussicht auf Heilung ist trotz Verbänden, Einreibungen und Injektionen nicht gerade günstig. Eine operative Behandlung einer zerrissenen Sehne durch Naht ist insbesondere wegen der starken Zugbelastung nicht immer durchführbar bzw. erfolgreich. Spezialbeschläge mit verlängerten oder verbundenen Schenkelenden werden ebenfalls zur Therapie eingesetzt.

Merke!

Diese kleine Auswahl an möglichen kleinen und großen Katastrophen ist sicherlich repräsentativ genug, um erneut an Ihre Verantwortung zu appellieren: Reiten Sie bitte möglichst nicht allein und immer vorsichtig bzw. vorausschauend und kontrollieren Sie ihren Sportkameraden lieber einmal zu viel als zu wenig.

Die Jagdreiterin vergangener Jahrhunderte

Grundkenntnisse des Reitens

Beginnen wir mit den einfachsten Aspekten dieses Unterpunktes: der **Ausrüstung des Pferdes** und dem **Anzug des Reiters beim Jagdreiten**:

Ebenso wie die Kleidung beim Reitturnier ist auch das Outfit im Gelände bei einer Jagd nicht dem Zufall überlassen. Traditionell tragen die Damen, Herren und Jugendlichen zu den Reitstiefeln eine helle Reithose mit dunkler langschößiger Jacke, Reithandschuhe, eine Kappe gem. DIN Vorschriften und zum Hemd bzw. zur Bluse ein – und das ist die Besonderheit – echtes gebundenes Plastron. Dieser lange breite (bindetechnisch anspruchsvolle) Seidenschlips gehörte zur festlichen Herrenkleidung des vorletzten Jahrhunderts und hat(te) den Vorteil, im Falle X auch schnell mal als Binde oder Bandage dienen zu können. Selbst als Hundeleine kann es zweckentfremdet werden.

Die Jagdreiterin im 21. Jahrhundert

Jagdherr und Equipage (teilweise in rot)

Die leuchtend rote Jacke darf – ebensowenig wie im Turniersport – einfach so getragen werden. Ihr Träger hat sie sich ehrlich & mühsam im Schweiße seines Angesichts nach Vorschrift erworben.
Das Pferd ist vergleichbar dem Springsport ausgestattet. Außer Sattel und Trense trägt es Bandagen und Streichkappen. In den meisten Fällen auch einen Hilfszügel (Martingal oder Jumperhelp) oder Vorderzeug und teilweise auch Sprungglocken.
Machen wir weiter mit den eigentlichen Grundkenntnissen des Reitens. Natürlich gibt es ohne Ende viel zu berichten von der Skala der Ausbildung von Pferd und Reiter, dem Sitz und der Hilfengebung. Da dieser Thematik jedoch ein **eigener Ratgeber** gewidmet ist (Richtiger Sitz – Die Reiterhilfen) beschränken wir uns an dieser Stelle auf die knappste aller möglichen Darstellungen.

Sitz(en): korrekt & kompetent

Bevor wir zu dem Sitz zu Pferd kommen, einige Bemerkungen zum Auf- und Absitzen. In jedem Fall sollte das Pferd ruhig an einem Platz stehen (bleiben!). Außerdem sollte der/die Reiter/in immer geschmeidig auf und absitzen, d. h. so dass das Pferd nicht aktiv an seiner eigenen Balance arbeiten muss. Häufig ist aber leider anderes zu beobachten. Vielleicht heißt das Besteigen und Verlassen des Sattels bei den Engländern auch nicht von ungefähr „mounting“ bzw. „dismounting“. Fair ist allerdings etwas anderes. Selbst die Richtlinien im deutschen Pferdesport empfehlen für (ältere) Reiter aber auch zur Schonung des Pferderückens das Aufsitzen von einem Holzklotz oder Schemel aus. Manchmal geben aber auch – neben dem Alter von Zwei- und Vierbeiner – ganz einfach die Größen(miss)verhältnisse von Reiter und Pferd diese Vorgehensweise vor!

Mögliches Outfit des Jagdpferdes

Der Sitz selbst ist die Grundlage jeder reiterlichen Einwirkung. Ohne einen ausbalancierten und losgelassenen Sitz sind korrekte Hilfengebung bzw. Einwirkung auf das Pferd nahezu undenkbar.
In der englischen Reitweise werden folgende Sitzarten unterschieden:

- der Dressursitz (Grundsitz)
- der Leichte Sitz (Gelände- bzw. Springsitz)
- der Rennsitz

Natürlich gibt es je nach Situation in den verschiedenen Sitzarten unterschiedlich be- und entlastende Sitzvariationen.

Hilfen(gebung): gefühlvoll & konsequent

Der Reiter kann durch Gewicht, Schenkel und Zügel auf sein Pferd einwirken. Dabei ist vorrangig zu beachten, dass die verschiedenen Hilfen jeweils so zusammen wirken (koordiniert sind), dass der Reiter einerseits kontrolliert sein(e) Ziel(e) erreicht. Andererseits darf nie vergessen werden, dass den treibenden Hilfen immer eine höhere Bedeutung zukommt als den verhaltenden Hilfen.
Mit dem **Gewicht** kann der/die Reiter/in

- beidseitig belastend
- einseitig belastend oder
- entlastend auf das Pferd/Pony einwirken.

Schafft er/sie/es nicht im harmonischen, dynamischen Gleichgewicht zu sitzen, eins mit der Bewegung des Pferdes zu werden, sind dessen Gang, Haltung und Gehfreude auf Dauer beeinträchtigt, um nicht zu sagen gefährdet.
Natürlich gibt es zweibeinige Bewegungstalente. Wer jedoch ganz einfach mehr Zeit zum Üben braucht, der sollte im Ratgeber Sitz und Hilfengebung nachblättern, wie er auch außerhalb des Sattels seine Fähigkeiten und Fertigkeiten ausbauen bzw. trainieren kann.

Stabile und günstige Aufsteigehilfe: der Hauklotz

Leichter Sitz beim Geländesprung

Die Schlüssel zum Erfolg: gefühlvolle und konsequente Schenkel ...

Schenkelhilfen können gemäß folgender Aufzählung eingesetzt werden:

- vorwärts treibend
- vorwärts-seitwärts treibend und
- verwahrend

Zu welcher Gelegenheit welcher Schenkel wie eingesetzt wird und wo er dabei liegt, ist genau wie das 1x1 oder Vokabeln zu lernen und bedarf unzähliger Anwendungsübungen, damit sich Reiter und Pferd wortlos so richtig gut verstehen.

Mit den **Zügeln** kann der/die Reiter/in

- nachgeben
- annehmen
- durchhalten
- verwahren oder
- seitwärts weisen.

Diese Vielfalt lässt aber gerade Reitanfänger in den Irrtum verfallen, bei den Zügeln handele es sich – wie bei einem Mofa – um Gas, Kupplung u. Bremse in einem – aber gerade das Gegenteil ist korrekt. Reiter, die anlässlich irgendwelcher Pferdeschauen oder Showeinlagen teilweise oder ganz auf ein Kopfstück verzichten, beweisen eindrucksvoll die „Vorherrschaft" von Gewicht und Schenkeln. **Verantwortungsbewusste Reiter** beherzigen also grundsätzlich, dass Zügelhilfen nur in Verbindung mit Gewichts- und Schenkelhilfen gegeben werden, dass nur bei einem durchlässig gehenden Pferd die Zügelhilfen bis zum hinten sitzenden „Motor" des Pferdes wirken und dass jeder annehmenden Zügelhilfe immer eine nachgebende folgt!

Skala der Ausbildung: für Pferd & Reiter

Die Ausbildungsskalen gelten sowohl für die systematische Grundausbildung des jungen Pferdes bzw. des Reitanfängers als auch für den fundierten Aufbau einer jeden Trainingseinheit von ausgebildeten Pferden bzw. erfahrenen Reitern.

Ziel der gesamten Ausbildung von Pferden ist deren Durchlässigkeit.

Ziel der Ausbildung von Reitern ist souverän in Harmonie zu reiten.

Unabhängig vom Verwendungszweck des Pferdes bzw. der gewählten Art des Pferdesports beim Reiter gelten die Aspekte der Ausbildungsskalen für alle Vier- und Zweibeiner – egal, ob sie ihre Aktivitäten rein hobbymäßig oder (semi-)professionell betreiben!

... und Hände

Die Skala der Ausbildung der Pferde

(siehe Richtlinien Bd. 1, FN / Verlag)

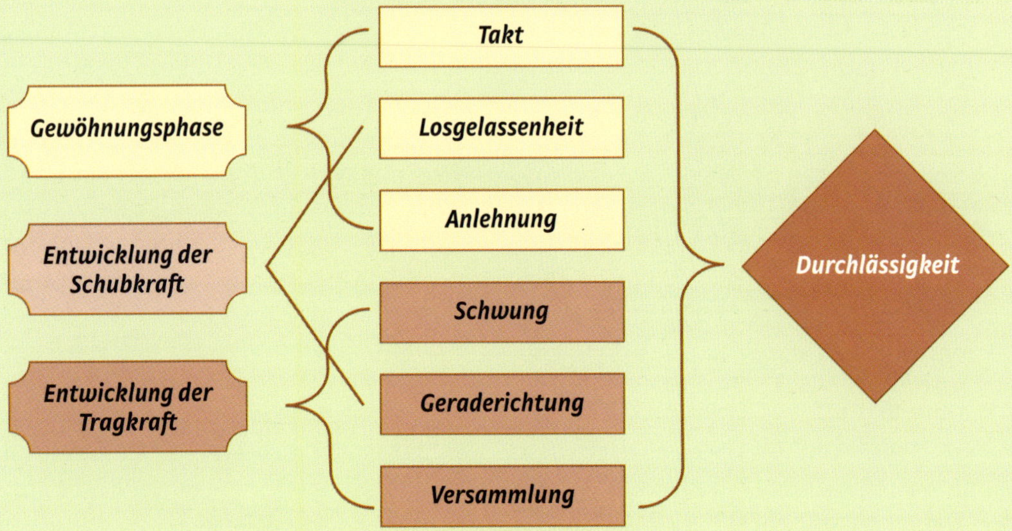

Die Skala der Ausbildung der Reiter/innen

(siehe ABC im Pferdesport. 1, FN / Verlag)

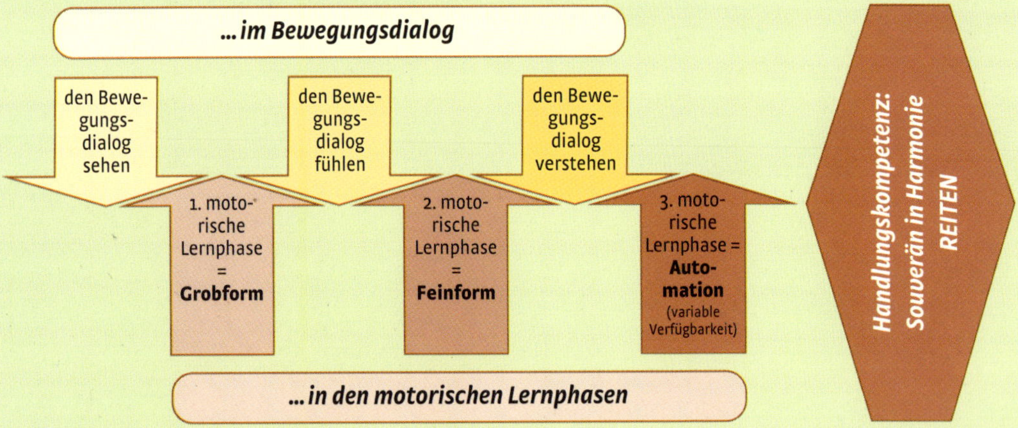

Verhalten im Jagdfeld (Fuchs- und Schleppjagd)

Fast alles, was Sicherheit und Tierschutz betrifft, wurde und wird in den anderen Kapiteln beschrieben und soll daher hier nicht erneut thematisiert werden. Hier und jetzt stehen jagdliches Brauchtum uund Aufgaben der Jagdchargen im Vordergrund. Unabhängig wie der Einzelne über den Sinn und Zweck von Tradition und Brauchtum denkt, schließen wir uns als Autoren der Einstellung an, dass das Einhalten der „antiquierten" Jagdregeln das gefahrlose Beisammensein der rasanten Jagdgesellschaft(en) garantiert enorm erleichtert. Außerdem ist das Lernen, Anwenden und Beherrschen von Regeln in einer Gesellschaft, die zunehmend von Ellbogendenken und abnehmendem Wir-Gefühl überrollt wird, eine absolut erhaltenswürdige Angelegenheit!

Keltische, germanische und französische Jagdmethoden machten über Jahrhunderte bzw. zwei Jahrtausende die Jagd zu Pferde zu dem, was die Fuchs- und Schleppjagden unserer Tage ausmacht. Romedio Graf Thun Hohenstein soll diese regionalen Wurzeln einst wie folgt beschrieben haben:

„Man jagt englisch ...
... gibt sich französisch ...
und ehrt die Reiter deutsch."

- Englisch zu jagen bedeutet dabei das schnelle Galoppieren über Sprünge. Im Falle der Schleppjagd hinter schnellen Hunden.
- Sich französisch zu geben bezieht sich z. B. auf die Ursprünge der Jagdsignale, der Curée, Schabracken usw.
- Und da im hiesigen kulturellen Raum auch die „Jagd im Sattel" traditionell den Gesellschaftsjagden (z. B. auch Treibjagd oder Ansitzdrückjagd) zugeordnet wird, bekommt jeder Teilnehmer nach der Schlepp- bzw. Reitjagd einen Bruch überreicht und dieses ist ganz einfach typisch deutsch.

Bläser: Bei Jägern und Reitern gern gesehen

Bruchübergabe

Bis zum 3. November (Hubertus) werden im Übrigen Eichenbrüche überreicht. Nach diesem Termin werden kleine Tannen- bzw. Fichtenzweige gebrochen und ausgeteilt.
Ein weiteres Brauchtum ist die Sprache der Jagdreiter. Wer zu dem (kleinen, aber sicherlich wachsenden) Kreis der Eingeweihten gehören möchte, die sich Vergangenheit, Gegenwart und Zukunft gleichermaßen verpflichtet fühlen, dem bleibt nichts anderes als das Jagdreiter-Vokabular (siehe auch Kapitel 4: Das Gelände ABC) Wort für Wort zu lernen, um nicht irritiert da zu stehen, wenn z. B. von dem „Schlepper", der „Equipage", dem „Scent", den „Pikören" oder von „Losung", „Lunte", „Koppel" oder „Kennel" die Rede ist.
Ein guter Jagdreiter kennt darüber hinaus mindestens die für eine Schleppjagd charakteristischen Hunde(rassen) und (Horn)Signale. Diese im Einzelnen vorzustellen, ginge sicherlich über die engen Ratgebergrenzen hinaus. Die folgenden Auflistungen bzw. Infos helfen dem Leser aber sicherlich sich zu orientieren und weiter zu stöbern z. B. unter
www.drfv.de/seiten/diehunde/mitte.html oder
www.sauerlandmeute.de/Hundezucht.html oder
www.meutejagd.de/meuten.html bzw.
www.jagdhorn.de

Foxhounds

Typische Meutehunde

- Foxhounds
- Beagles
- Francais Tricolores
- Bloodhounds
- Black & Tans
- Deutsche Bracken und sogar
- Dalmatiner

Jagdhornsignale

Genau wie bei einer Gesellschaftsjagd, bei der tatsächlich Wild erlegt und verblasen wird („Fuchs tot", „Sau tot", ...), gibt es auch bei einer Reitjagd bestimmte Signale und Fanfaren in den unterschiedlichen Jagdabschnitten. So wird z. B. zur Begrüßung, zum Aufbruch zur Jagd, bei der Ankunft am Stop, beim Erneuten Aufbruch, nach der letzten Schleppe (Jagd vorbei) oder wenn die Hunde >>genossen gemacht werden<< (La Curée) geblasen. Die in Deutschland gebräuchlichsten Hörner sind das Fürst-Pless-Horn und das Parforce-Horn in Es (Fotos siehe Seite 19).

Jagdchargen und ihre Aufgaben

Der Ablauf und Verlauf einer Reitjagd bedürfen der Planung und sind keinesfalls dem Zufall überlassen. Etliche Reiter tragen, insbesondere bei Schleppjagden, ganz spezielle Titel und haben dementsprechend besondere Aufgaben. Diese Reiter mit einem Posten werden **Jagdchargen** genannt und tragen unterschiedlich farbige Armbinden.
Die nun folgende Aufzählung soll helfen, die Akteure zu „identifizieren" und mehr über ihre Aufgaben zu erfahren. Aus eigener Erfahrung wissen wir jedoch, dass erst die Teilnahme an einer Schleppjagd dieses Bündel aus **Traditions-, Kultur- und Naturbewusstsein** besser verstehen hilft. Außerdem ist die Faszination Jagdreiten nur direkt im Grünen greif- und nachvollziehbar.

Die Jagdchargen

Name	Farbe der Binde	linker Oberarm	rechter Oberarm	sonstige Ausrüstung	Aufgabe
Jagdherr	weiß – schwarz – weiß oder weiß – Vereinsfarbe – weiß		x		**Begrüßung** der Jagdequipage (Master/Huntsman, Piköre, Schleppenleger & Hunde) **Beschreibung** der Jagdstrecke (Zahl der Runs, Schwierigkeits-Grade, Bodenbeschaffenheit, Hindernisse) **Bekanntgabe** der Einteilung der Felder und der Jagdchargen **Kontakt** zur Equipage halten
stellvertretender Jagdherr	schwarz – weiß – schwarz oder Vereinsfarbe	x			löst automatisch Jagdherren ab, wenn der sich um Jagdgäste kümmert grundsätzlich Kontakt zur Equipage haltend, wenn Jagdherr zurückfällt
Jagdleiter bzw. Chef der Equipage bzw. Master (Huntsman)	weiß		x		Der Master u/o Huntsman ist derjenige, zu dem die Hunde die intensivste Beziehung haben, da er sie täglich im Kennel füttert, sie ausbildet und sie betreut. Wenige große Meutevereine haben eine(n) angestellte(n) Huntsman. Viel häufiger liegt die Kennelarbeit in den Händen des Masters (und seiner Familie).
Feldpiköre	grün oder Binde mit Vereinsabzeichen wird z.T. auf Lebenszeit verliehen	x			Reiten rechts und links etwa eine Pferdelänge hinter dem Master und sind dafür verantwortlich, dass der Master nicht von den nachfolgenden Reitern überritten wird. Wenn Jagdherr und Stellverteter zurück bleiben auch für das Aufschließen an die Equipage verantwortlich. Stoppen des fließenden Verkehrs, damit das Jagdfeld die Straße überqueren kann.
Feldführer	wie Feldpiköre				Führung des Hauptfeldes mit 1 – 2 Feldpikören
schließende Feldpiköre	rot	x			Sorgen dafür, dass das Feld sich nicht zu weit auseinander zieht und Betreuung von gestürzten Reitern. Notfalls Blockade eines Sprungs für folgende Felder und Delegation eines Reiters zum Herbeiholen des Arztes / Rettungswagen.
eingeteilte Piköre der Meute	grün	x		Hetzpeitsche mit Schlag	Betreuung der Meute
nicht eingeteilte Piköre der Meute				Hetzpeitsche mit aufgewickeltem Schlag	
Zuschauerführung	gelb oder gelbe Flagge				

Nicht zu vergessen der Schleppenleger, ohne den die ganze (künstliche) Jagd schließlich nicht stattfinden könnte. Ca. eine Viertelstunde vor Jagdbeginn verlässt der Schlepper den Abreiteplatz in Richtung vorgesehener Jagdstrecke. Seinen Namen hat er daher, dass die künstliche Spur früher mit einem getränkten Schwamm oder Drahtball an einem Seil durchs Gelände geschleppt wurde. Heutzutage hat der Schlepper an seinem Sattel einen Tropfkanister.
Aus diesem tropft – je nachdem, auf welchen Geruch die Meute eingeschworen wurde – eine hochverdünnte Mischung aus Wasser mit einigen Tropfen Fuchslosung (Exkremente des Fuchses) oder Pansenlauge, Heringslake bzw. ätherische Öle. Eine Strecke, auf der die Schleppe bereits „liegt", darf von Zuschauern nicht mehr gekreuzt werden, weil die Hunde sonst von der Spur abkommen könnten. Das kann aber auch ohne unvorsichtige Zuschauer geschehen, z. B. durch die Streckenführung, die im Verlauf des weiteren Weges nach einer Schleife / einem Bogen zu dicht an der zurückliegenden Strecke vorbeiführt. Die Hunde kürzen dann z. B. unplanmäßig ab oder jagen dem Feld sogar entgegen. Äußerste Vorsicht ist auch bei starken Winden geboten! Er kann die Schleppe bis zu 100 Meter verziehen. Die jagende Meute kann so leicht auf Straßen oder anderen Verkehrswegen landen oder diese überqueren – ein absolut unerwünschtes Ereignis.

Merke!

Aber nicht nur für den Schlepper gilt vorausschauendes, umsichtiges Reiten.
Safety first gilt für jeden Reiter im Feld.

Die einmal eingenommene Position wird während der ganzen Jagd nicht verlassen. Hindernisse sind flüssig und gerade anzureiten bzw. zu überspringen.

Tropfkanister des Schleppers

Besonders anspruchs- bzw. stimmungsvoll: mitreitende Bläser

Überholen = tabu!

Fehler und Rücksichtslosigkeit können auf direktem Weg in die Tierklinik oder ins Krankenhaus führen, aber auch das hilft das strenge Reglement zu vermeiden.

Die Jagdstrecke kann insgesamt ein bis zwei Dutzend km lang sein und ist daher in mehrere Schleppen eingeteilt. Aus Verantwortung den Vierbeinern gegenüber sind die Schleppen durch Schrittstrecken und Stops unterbrochen. Die Hunde bekommen – insbesondere bei trockenem Wetter / staubigem Geläuf – Wasser gereicht, die Pferde können wie bereits angesprochen kontrolliert werden und, wenn der Stop länger ist, gibt's sogar einen Bügeltrunk für die Reiter. Selbstverständlich schieben abgesessene Reiter die Steigbügel nicht ohne Grund hoch. Sollte ein solches Pferd – weshalb auch immer – reißaus nehmen, wissen Eingeweihte, dass der Reiter nicht irgendwo gesucht werden muss, sondern bereits abgesessen war, bevor sich die Wege von Zwei- und Vierbeinern trennten. Besonnene kümmern sich daher ohne Zeitverlust um das Einfangen des flüchtigen Tieres.

Kommen wir zurück zu Sitte und Brauchtum. Die letzte Schleppe endet mit dem „Halali", bei dem je nach Tradition der Meute die Reiter den rechten Handschuh ausziehen und „Halali" rufen. Noch ist die Jagd aber nicht zu Ende. Im (Halb-)Kreis wird abgesessen, die Kappe gezogen und den Hunden schweigend beim begierigen Verschlingen ihres Anteils an der Jagdbeute, der „Curée", zugesehen.

Das Schweigen und die gezogene Kappe symbolisieren ungebrochen die Achtung vor der Kreatur, die selbstredend weder gejagt noch getötet wird.

Wenn die Hunde „genossen gemacht" sind, das heißt ihren Pansenanteil genossen haben, bittet der Jagdherr zu den Brüchen. Bei vielen Meuten sieht das so aus, dass die Reiter ohne Pferd zu der Jagdherrin treten und ihren kleinen Eichen bzw. Fichtenzweig mindestens mit einem Danke entgegennehmen. Zum Pferd zurückgekehrt, „bedient" sich dieses meist ungefordert am frischen Grün am Revers. Deshalb muss der Bruch auch immer pur – d. h. ohne Bindedraht oder Sicherheitsnadeln – überreicht werden.

Curée

Master mit Pferd

Jagdpferde = durch nichts aus der Ruhe zu bringen ...

Apropos **Pferd**. Natürlich sind bei einer Schleppjagd die Hunde die bedeutendsten Akteure – ohne geeignetes Jagdpferd läuft allerdings auch nichts. Während sich die Teilnehmer im (nichtspringenden) Feld über die Qualitäten ihres Pferdes weniger klassifizierende Gedanken machen, haben speziell die Mitglieder der Equipage eindeutige Vorstellungen bzgl. **Talent**, **Rittigkeit** und **Springvermögen** ihres Pferdes. Das Masterpferd darf ruhig bzw. sollte bis Klasse M ausgebildet sein. Es muss auf den leisesten Schenkeldruck oder geringste Gewichtsverlagerungen oder unsichtbare Zügelhilfen seines Reiters hin nicht nur ahnen, sondern genau wissen, was wie, wann zu tun ist. Es darf weder was die Abmessungen der Sprünge betrifft noch konditionell überfordert sein. Sein Reiter trägt eine große Verantwortung und hat genau genommen auf Grund seiner leitenden Funktion wenig Zeit, sich aufs Reiten zu konzentrieren. Reiter ohne Posten können sich natürlich ganz der Jagd hinter der Meute hingeben.

Aber die Sache mit dem Genießen klappt auch nur dann wirklich, wenn man sich und sein Pferd schrittweise auf kommende Aufgaben vorbereitet – sprich trainiert und für eine angemessene Kondition sorgt. Und nach so viel Vorbereitung und investierter Energie bietet sich dann außer der Teilnahme an einer Reit- oder Schleppjagd logischerweise auch die Jagdreitabzeichenprüfung an. Warum also noch länger warten – TOI! TOI! TOI!

... einfach unerschütterlich ...

Bei längerem Rasten logisch…

Sie würden gern das Jagdreitabzeichen erwerben, haben aber keinen Kontakt zu einer Meute – sind aber begeisterter Fuchsjagdfan? Kein Problem! Theoretisch müssen Sie sich / du dich natürlich mit allem – wie vorgestellt – auseinander setzen; praktisch ist das Reiten hinter der Meute ja nicht ausdrücklich verlangt – wenn sicherlich auch sehr reizvoll und mit den anderen Voraussetzungen hat sicherlich kaum ein (ländlicher) Traditions-Reiterverein ein Problem! Auf geht's!

Flotte Füchse vorneweg… Die Gastgeberin „trägt" die Lunte.

Das Jagdreitabzeichen (Stufe 2)

Die Grundidee der 2. Stufe des Jagdreitabzeichens, neben der Vertiefung der in Stufe 1 erworbenen Kenntnisse, ist die Vermittlung der grundlegenden Fertigkeiten in der Planung einer Jagd bei gleichzeitiger Befähigung des Absolventen zum Einsatz als Pikör im Feld. Da diese Ausbildung (fast) ausschließlich direkt bei den Meutevereinen selbst und nicht etwa in Reitervereinen oder Pferdebetrieben durchgeführt wird (obwohl das natürlich grundsätzlich möglich ist), möchten wir uns im Folgenden auf die Benennung der APO-technischen Grundlagen und Voraussetzungen mit wenigen Ergänzungen beschränken. Wir sind uns aber sicher, dass dies als Appetithäppchen sicherlich reicht, denn wer so richtig infiziert ist, der zieht nach Stufe 1 sicherlich voll durch.

APO komprimiert

Praxis:

- **Vorstellung** eines Pferdes auf dem Außenplatz
- **Geländeritt** (Gruppengalopp inkl. Reiten eines Ausschnitts einer jagdlichen Hindernisstrecke in einer Gruppe)

Theorie:

- Aspekte der Stufe 1 vertiefend **plus**:
- **Planung** von Reitjagden (inkl. der Berücksichtigung der Leistungsfähigkeit der Pferde in unterschiedlichem Gelände)
- Gezielte **Vorbereitung** von Pferd und Reiter
- **Grundsätze der Streckenauswahl!** (inkl. Stelldichein-, Stop- & Halaliplatz sowie Hindernisauswahl/-aufbau u. Zuschauerführung)
- **Jagdreiterliche Ethik!** (inkl./plus jagdreiterlicher Natur- u. Umweltschutz, Schutzkategorien und Konsequenzen)
- **Reitjagden-Genehmigungsverfahren!** (plus erforderlicher Ordnungs- und Notdienste)

Das klingt nicht nur spannend, das ist auch so. Bliebe nur noch zu klären, wer mitmachen darf beim Jagdreitabzeichen Stufe 2. Laut APO haben Bewerber folgende Zulassungsvoraussetzungen zu erfüllen …

APO konkret

- Interessenten für das Jagdreitabzeichen (Stufe 2) müssen mindestens **14 Jahre** alt sein!
- Der/die Bewerber/in muss **im Besitz** des Jagdreitabzeichens Stufe 1 sein!

Doch nun zur versprochenen kleinen Ergänzung. Es war ja bereits viel die Rede vom springenden Feld, und in der 2. Stufe des Jagdreitabzeichens werden sie sogar im Theorieblock extra benannt: die **Hindernisse**. Mit der nun folgenden Fotoauswahl wollen wir einen kleinen Eindruck von der Vielseitigkeit der natürlichen und festen Hindernisse im Gelände vermitteln.

Natürliche Hindernisse: Wall plus „Windbruch" Baumstamm

Darüber hinaus gibt es eine Vielzahl von weiteren Sprüngen/Hindernissen im Gelände. Hier eine kleine Aufzählung

- Überbau von Weidezäunen
- Hindernisse am/im Wald aus Bäumen und Büschen
- (Natürliche) Gräben und Niveauunterschiede – natürlich auch in Kombinationen denkbar.

Und dann wären da noch die

- Sprünge in Anlehnung an Häuser oder Höfe.

Merke!

Grundsätzlich ist die Nutzung natürlich abzusprechen! Außerdem sind ungeeignete Hindernisse (z. B. nicht bodenfixierte oder ungleich hohe) grundsätzlich nie Bestandteil der Streckenführung!

Damit soll es ratgebertechnisch genug sein zum Thema Jagdreitabzeichen! Ein abschließender Hinweis sei

Langholz quer (etwas zugewachsen)

Trockener Graben

jedoch erlaubt: Wie im Pferdesport allgemein herrscht insbesondere bei den Jagdreitern eine andere Hierarchie als im Alltag – sprich im Berufsleben oder in der Gesellschaft. Mit „vorbildlichem Interieur" und herausragenden reiterlichen Fähigkeiten können Bankkonto und berufliche Qualifikation ausgestochen werden!

Auf geht's & viel Spaß!

Einfaches Rick

Und noch mehr „Geländeabzeichen“:

Wanderreitabzeichen (Stufe 1)

Je nach Tradition oder Örtlichkeit liegen Schwerpunkt und Aussehen des Reitens im Gelände – zumindest rein optisch und von der Historie her – doch mehr oder weniger weit auseinander. Damit er/sie/es aber auch wirklich weiß, auf was man sich bei welchem „Outdoor-Event“ einzustellen hat, werden in diesem Kapitel das Wander- und das Distanzreitabzeichen vorgestellt bzw. in Papierform zum Leben erweckt. Wer z. B. das Wanderreitabzeichen Stufe 1 erwerben möchte, sollte laut APO folgende Zulassungsvoraussetzungen erfüllen:

APO konkret

- Das Mindestalter liegt derzeit bei 12 Jahren.
- Ein Erste-Hilfe-Kurs, der nicht länger als 4 Jahre zurückliegt, muss ebenfalls nachgewiesen werden.
- Auch hier ist der Besitz des DRP Grundlage für weiteres Tun.

Und was konkret ist nun die Aufgabe bzw. Intention der 1. Stufe des Wanderreitabzeichens?
Die vielschichtige und informative Antwort lautet: mit einem entsprechenden Kursus plus Abzeichenprüfung zum einen grundlegende Kenntnisse für das Zurücklegen längerer Strecken zu Pferde (als da wären: mehrstündige Ausritte oder Tagesritte) zu vermitteln und zum anderen natürlich auch zu überprüfen. Außerdem geht es auch noch um die Schulung der Bewerber bzgl. der Beurteilung des Zustandes des Pferdes in Punkto sicherheitsorientiertem Verhalten und stimmigem Vorgehen in Notsituationen.

Die Anforderungen

Das hört sich noch viel zu theoretisch an? Die Klärung bzw. Verdeutlichung folgt unverzüglich – u.a. mit Hilfe der in der APO aufgeführten Anforderungen:

APO komprimiert

Praxis:

- **Das Vormustern** eines Pferdes an der Hand (inkl. einer Verfassungsprüfung – bzgl. Reittauglichkeit des Pferdes)
- Die **Vorstellung** eines geeigneten Pferdes auf dem **Außenplatz** nach Anweisung!
- Das **Lösen einer Orientierungsaufgabe** im Gelände: Verfassungsprüfung plus ca. 3stündiger Gruppen-Streckenritt!

Theorie:

- **Grundkenntnisse in Pferdekunde!** (d. h. Pferdehaltung – speziell die Versorgung des Pferdes unterwegs – inkl. PAT Werte u. ihre Aussage sowie das Erkenenn von Krankheiten u. diesbezüglich zu ergreifende Maßnahmen. Hinzu kommt die Beurteilung des Hufbeschlags.)
- **Grundkenntnisse des Reitens!** (plus Ausrüstung des Pferdes und Anzug des Reiters für mehrstündige Ausritte)
- **Orientierung(skompetenz) im Gelände!** (d. h. Umgang mit topographischen Karten, Verwendung von Messrad u. Kompass; d. h. auch Wetterkunde – neben den Grundkenntnissen natürlich speziell das Verhalten bei Gewitter usw.)
- **Korrektes Verhalten im Straßenverkehr bzw. Feld und Wald!** (bes. beachtbar in diesem Zusammenhang: gesetzliche Bestimmungen, Transport von Pferden, Tierschutzgesetz)
- **Verhalten bei Unfällen!**

Ausbilden gemäß Prüfungsordnung

Bevor wir erneut tiefer in die Theorie einsteigen, einige Kurzinformationen zur Praxis. Das verlangte **Vormustern** des Pferdes ist eigentlich nichts anderes als das, was bei Meisterschaften oder Championaten auch im Turniersport üblich ist. Das Pferd wird offen zur Richtergruppe aufgestellt. Auszugsweise erzählt der Vorsteller etwas zum Alter und Pedigree des Tieres. Dann geht er samt Pferd in gerader Richtung ebenerdig (meist auf einer Straße oder einem gepflasterten Hof) im Schritt von der Richtergruppe weg zu einer Wendemarke, führt das Pferd rechts darum herum und trabt dann wieder gerade auf die Kommission zu. Sieht und hört sich das Ganze beschwerdefrei an und ist das Pferd auch noch in einem guten Fütterungs- bzw. Pflegezustand (insbes. auch der Hufe), steht einem (mehrstündigen) Ritt eigentlich nichts im Wege. An Kontrollpunkten unterwegs wird manchmal zusätzlich tierärztlicherseits eine PAT-Kontrolle durchgeführt. Mit einem angemessen konditionierten bzw. trainierten vierbeinigen Partner braucht der Reiter sich um diese Checks allerdings keine Sorgen machen. Die **Vorstellung eines geeigneten Pferdes auf dem Außenplatz** nach Anweisung ist vom Grundsatz her analog der Vorstellung beim Reitpass. Außer dem Reiten in der Gruppe in allen drei Grundgangarten ist das Wegreiten von einer Gruppe wie das Passieren einer anderen Gruppe ebenso gefragt, wie das Umreiten/Überwinden oder Durchqueren natürlicher Hindernisse. Hier gilt es, von Reiterseite das Richterkollegium von der eigenen Kompetenz im Sattel in Punkto Sitz, Hilfengebung und evtl. Durchsetzungsvermögen zu überzeugen.

Dritte und zeitintensivste praktische Aufgabe im Rahmen des Wanderreitabzeichens Stufe 1 ist der ca. 3stündige **Gruppen-Streckenritt bzw. das Lösen einer Orientierungsaufgabe im Gelände**. Dabei geht

Auch Vormustern will geübt sein

es neben dem Naturerlebnis im Sattel aber nur eingeschränkt um Pfadfinderromantik. Die Gruppe hat sich nicht etwa auf sich allein gestellt von Punkt A nach Punkt B zu begeben, sondern mit Hilfe von topographischen Karten u./o. Messrad und Kompass vorgegebene Wege und Himmelsrichtungen einzuschlagen. Kartenlesen, Entfernungen berechnen und abschätzen sind daher keine lästige Theorie, sondern pausenlos Mittel zum Zweck. Erst einmal im Besitz eines Wanderreitabzeichens wird die ursprüngliche Heimat – zumindest für den Reiterurlaub – sicherlich zunehmend gegen immer entferntere bzw. menschenleerere Gegenden eingetauscht. Und egal ob Mecklenburger Seenplatte, schottisches Hochland oder gar Island – ein echter Wanderreiter kann sich kaum an Streckenschildern oder an ortskundigen Passanten orientieren. Ein waschechter Wanderreiter beherrscht sein Handwerk und findet auch in der Fremde (s)einen Weg zum Ziel.

Besonders herausstellenswert ist in diesem Zusammenhang das Gruppen- bzw. Wir-Gefühl des Wanderreitens. Es geht weder um EINER gegen ALLE noch um SCHNELLER, HÖHER oder WEITER. **Wir** machen einen Wanderritt, **wir** organisieren und genießen gemeinsam. **Jeder** trägt einen Teil der Verantwortung und des evtl. nötigen Zusatzgepäcks. Keiner kämpft um unschlagbare Noten. **Alle** freuen sich über Lösen und Bestehen der Prüfungsanforderungen – sowohl in der Praxis wie auch in der Theorie. Auch die theoretische Prüfung knüpft an bereits Bekanntem bzw. Verlangtem an. Das Wissen um Pferdehaltung, -pflege und -gesundheit – also die Eckpfeiler der Basispassprüfung – ist zu wiederholen und zu vertiefen. Alles dreht sich um die Fragen: „Wie sieht ein leistungsbereites, gesundes Pferd aus – wie erhalte bzw. optimiere ich diesen Zustand und was kann ich außer der Konsultation eines Tierarztes oder Pferdeheilpraktikers noch unternehmen, damit es meinem Sportpartner möglichst schnell wieder richtig gut geht?"

Wir haben verstanden, wollten aber mal zeigen, wie groß der Unterschied ist!

Wer weiß, was auf ihn zukommt, der geht nicht baden!

Selbstverständlich sollte ein Wanderreitabzeichen-Anwärter auch theoretisch über die Grundkenntnisse der Reiterei (Sitz / Hilfengebung / Skala der Ausbildung von Pferd und Reiter) Auskunft geben können und auch wissen, welche Ausrüstung bei Reiter und Pferd für's Wanderreiten von Vorteil ist.
Die **Orientierungskompetenz** im Gelände ist beim Wanderreiten natürlich Dreh- und Angelpunkt. Nur wer Karten, Kompass und Messrad beherrscht und obendrein auch noch sich entwickelndes Wetter zu deuten weiß, der kommt da an, wo er hin wollte und den bringen auch Schlecht-Wetter-Fronten oder unplanmäßige Gewitter nicht aus der Ruhe. Apropos Gewitter – auch für den Fall, dass Sie/Du diesen Tipp-

Es gibt kein schlechtes Wetter, aber jede Menge vernünftige Ausrüstung!

Equidenpass schon eingepackt?

/Warnhinweis schon 100 x gelesen haben sollten, möchten auch wir ihn aufgreifen: **Bei Gewitter haben Reiter und Pferd weder etwas am Waldrand noch unter einzelnen Bäumen zu suchen!** Außerdem sollten Reiter und Pferd auch nicht die einzige Erhebung auf weiter Flur darstellen! Das setzt also eine dauerhafte, gewissenhafte Naturbeobachtung voraus und im Falle eines Falles lieber einmal zu viel in einer Scheune Unterschlupf gesucht als zu spät!
Damit noch nicht genug. Auch das korrekte Verhalten im Straßenverkehr – vom Reitpass her bekannt – muss aufgefrischt werden und abrufbar sein, wenn es nicht ohnehin schon in Fleisch und Blut übergegangen ist. Das gleiche gilt für die gesetzlichen Regelungen bzgl. des Betretens des Waldes.
Bleiben noch die Regularien bzgl. des Transportes von Pferden (Stichwort: Equidenpass) und die Eckdaten des Tierschutzgesetzes:

§

Das Tierschutzgesetz

§ 1

Zweck dieses Gesetzes ist es, aus der Verantwortung des Menschen für das Tier als Mitgeschöpf dessen Leben und Wohlbefinden zu schützen. Niemand darf einem Tier ohne vernünftigen Grund Schmerzen, Leiden oder Schäden zufügen.

§ 2

1. *Wer ein Tier hält, betreut oder zu betreuen hat, muss das Tier seiner Art und seinen Bedürfnissen entsprechend angemessen ernähren, pflegen und verhaltensgerecht unterbringen,*
2. *darf die Möglichkeit des Tieres zu artgemäßer Bewegung nicht so einschränken, dass ihm Schmerzen oder vermeidbare Leiden oder Schäden zugefügt werden.*
3. *muss über die für eine angemessene Ernährung, Pflege und verhaltensgerechte Unterbringung des Tieres erforderlichen Kenntnisse und Fähigkeiten verfügen.*

§ 3

Es ist verboten,

1. *einem Tier außer in Notfällen Leistungen abzuverlangen, denen es wegen seines Zustandes offensichtlich nicht gewachsen ist oder die offensichtlich seine Kräfte übersteigen,*

1a. *einem Tier, an dem Eingriffe und Behandlungen vorgenommen worden sind, die einen leistungsmindernden körperlichen Zustand verdecken, Leistungen abzuverlangen, denen es wegen seines körperlichen Zustandes nicht gewachsen ist.*

1b. *an einem Tier im Training oder bei sportlichen Wettkämpfen oder ähnlichen Veranstaltungen Maßnahmen, die mit erheblichen Schmerzen, Leiden oder Schäden verbunden sind und die die Leistungsfähigkeit von Tieren beeinflussen können sowie an einem Tier bei sportlichen Wettkämpfen oder ähnlichen Veranstaltungen Dopingmittel anzuwenden,*

2. *ein gebrechliches, krankes, abgetriebenes oder altes im Haus, Betrieb oder sonst in Obhut des Menschen gehaltenes Tier, für das ein Weiterleben mit nicht behebbaren Schmerzen oder Leiden verbunden ist, zu einem anderen Zweck als zur unverzüglichen schmerzlosen Tötung zu veräußern oder zu erwerben;*

...

5. *ein Tier auszubilden oder zu trainieren, sofern damit erhebliche Schmerzen, Leiden oder Schäden für das Tier verbunden sind.*

Tierschutz: ja bitte – auch im Grundgesetz!

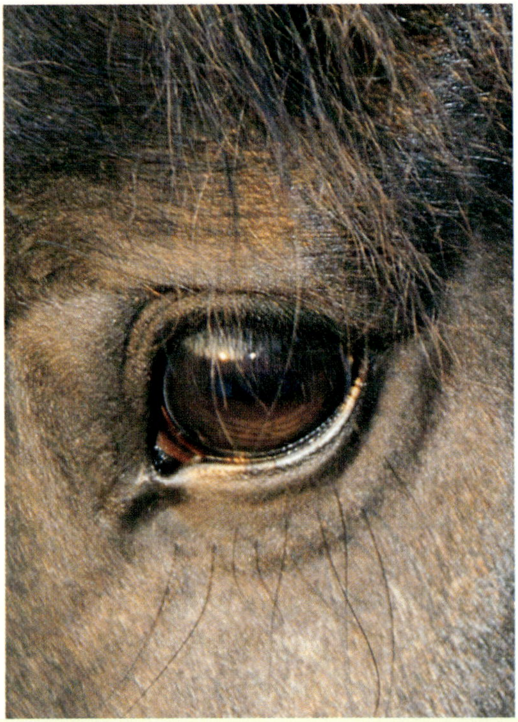

Auch Tierärzte informieren gern einmal im Rahmen eines Lehrgangs.

Last but not least muss jeder Wanderreiter auf dem Laufenden sein, was **das richtige Verhalten bei Unfällen** betrifft! Gerade weit ab von jeglicher Zivilisation oder in unwirtlichem – für motorisierte Ersthelfer unzugänglichem Gelände – müssen die Mitreiter im Falle eines Falles verantwortungsbewusst und richtig handeln können. Natürlich wird als Zulassungsvoraussetzung u.a. ein 1. Hilfe-Lehrgang verlangt, der nicht länger als 4 Jahre zurück liegt – aber das kann natürlich noch getoppt werden! Wie wäre es z. B. mit einem 1. Hilfe-Lehrgang speziell für Reiter unter der Leitung eines reitenden Sanitäters oder Arztes im Rahmen der Abzeichenprüfung?

Derartig vorbereitet steigt das eigene **Selbstbewusstsein** und die **Wanderreitkompetenz** sicherlich beachtlich und am Ende der ein- bzw. zweitägigen Prüfung lautet das Ergebnis sicherlich „bestanden“! Worauf also warten? Viel Spaß beim Lehrgang und beim verantwortungsbewussten Wandern & Genießen zu Pferd!

P.S.: Es gibt wie aus der Anfangsgrafik ersichtlich auch ein Wanderreitabzeichen Stufe 2. Durch den Erwerb der 1. Stufe einmal auf den Geschmack gekommen, sind Lehrgang und Prüfung auf dem nächsthöheren Niveau natürlich sehr naheliegend: In der APO finden sich die entsprechenden Zulassungsvoraussetzungen und Anforderungen! Let's go: Step by Step!

Natürlich haben wir auch wieder einige Internettipps für (angehende) Wanderreiter zusammengestellt: siehe Seite 46!

Außerdem lohnt sich ein Blick in den nun folgenden Abschnitt „Distanzreitabzeichen“, denn einige Inhalte überschneiden sich – werden aber aus platztechnischen Gründen nur einmal genauer beschrieben bzw. vorgestellt!

Wanderreiten: eigentlich tageszeit- und witterungsunabhängig

Distanzreitabzeichen (Stufe 1)

Kommen wir nach den Vorgaben / Inhalten von Jagdreit- und Wanderreitabzeichen zur Aufgabe des Distanzreitabzeichens Stufe 1. Im Rahmen des Lehrgangs und der Prüfung geht es um Vermittlung und Überprüfung grundlegender Kenntnisse für die Teilnahme an kurzen Distanzritten. Außerdem gilt es, den Bewerber für die Beurteilung des Zustandes des Pferdes für sicherheitsorientiertes Verhalten und das Vorgehen in Notsituationen zu schulen.
Welche Zulassungsvoraussetzungen hat nun ein Bewerber mit Interesse an der Ausbildung zu erfüllen?

APO konkret

- Das Mindestalter liegt gem. APO 2000 bei 10 Jahren.
- Ein Erste-Hilfe-Kurs, der nicht länger als 4 Jahre zurückliegt, muss ebenfalls nachgewiesen werden.
- Auch hier ist die bestandene DRP-Prüfung Grundlage für weiteres Tun.

Die Anforderungen

Die Prüfungsanforderungen sind sowohl praktisch wie theoretisch und in angemessenem zeitlichen Zusammenhang abzulegen. Wie gehabt, zunächst hier die Anforderungen im Überblick:

APO komprimiert

Praxis:

- Das **Vormustern** eines Pferdes an der Hand!
- Die **Vorstellung** eines geeigneten Pferdes auf dem **Außenplatz** nach Anweisung!
- Das Absolvieren eines **Einführungsrittes**, ca. 25 – 39 km, in der Gruppe!

Theorie:

- **Grundkenntnisse in Pferdekunde bzw. Pferdehaltung!** (speziell: die Versorgung des Pferdes unterwegs – inkl. PAT Werte u. ihre Aussage sowie das Erkennen von Krankheiten und diesbezüglich zu ergreifende Maßnahmen. Hinzu kommt die Beurteilung des Hufbeschlags.)
- **Grundkenntnisse der Reitlehre!** (inkl. Ausrüstung des Pferdes und Outfit des Reiters), s. S. 14
- **Reiten von Distanzritten!** (speziell: Beurteilen & Einhalten des geforderten Tempos, Höchstzeiten, Zeittore usw. und die Orientierung im Gelände plus Wetterkunde)
- **Korrektes Verhalten im Straßenverkehr bzw. Feld und Wald!** (natürlich mit den gesetzlichen Bestimmungen, dem Transport von Pferden inkl. Einsatz transportabler Weidezäune und dem Tierschutzgesetz)
- **Verhalten bei Unfällen!**

Bevor wir diese Anforderungen nun detaillierter beschreiben, sei wieder der Hinweis erlaubt, dass sich auch ein Blick in den Abschnitt „Wanderreitabzeichen" lohnt, denn da sind einige Unterpunkte bereits vorgestellt worden und die werden an dieser Stelle natürlich nicht noch einmal wiederholt. Darüber hinaus sei daran erinnert, dass es im Rahmen der 1. Stufe der Distanzreitabzeichen ausschließlich um die grundlegenden Kenntnisse für die Teilnahme an Einführungsritten bzw. **kurzen** Distanzritten geht. Damit diese Anforderungen konkreter bzw. in Relation zu setzen sind, hier zunächst eine kurze Übersichtsgrafik des VDD dem Verein Deutscher Distanzreiter & -fahrer:

Die Länge der Strecke beträgt bei Eintageswettbewerben:

- **25 – 39 km** = Einführungsritte (oder -fahrten)
- **40 – 59 km** = Kurze Distanzritte (oder -fahrten)
- **60 – 79 km** = Mittlere Distanzritte (o. -fahrten)
- **ab 80 km** = Lange Distanzritte (o. -fahrten)

Die Länge der Strecke beträgt bei Mehrtageswettbewerben (MTW):

- **25 – 34 km** = Einführungsritte (oder -fahrten)*
- **35 – 49 km** = Kurze Distanzritte (o. -fahrten)*
- **50 – 59 km** = Mittlere Distanzritte (o. -fahrten)*
- **ab 60 km** = Lange Distanzritte (o. -fahrten)*

* Die Zuordnung richtet sich nach der durchschnittlichen Länge der Tagesetappen! Und die zu reitende Mindeststrecke beträgt generell 25 km.

Distanzwettbewerbe können also als Ein- oder Mehrtageswettbewerbe durchgeführt werden und das entweder auf markierter Strecke oder nach Karte über eine festgelegte Streckenlänge. Da es sich bei Distanzwettbewerben um Ausdauerprüfungen für Pferde auf einer Geländestrecke von bestimmter Länge (s.o.) unter besonderer tierärztlicher Kontrolle handelt, sollten Ross und Reiter selbstverständlich fit und vorbereitet sein:

Merke!

- Das Mindestalter der Pferde für Kurze & Mittlere Distanzwettbewerbe beträgt z.Zt. 6 Jahre!
- Bei allen Pferden muss der Zahnwechsel abgeschlossen sein!
- Pferde, die an ansteckenden Krankheiten leiden, sind ebenso wenig zugelassen wie säugende Stuten, und Lahmheit führt zum Ausschluss!
- Pferde, die innerhalb der letzten 10 Tage an einem Distanzwettbewerb teilgenommen, ihn aber nicht als reittauglich beendet haben, sind ebenfalls noch gesperrt (10 Tage Sperre).

  (Zur Erklärung: Ein Pferd gilt dann als reittauglich, wenn es nach Meinung des Tierarztes die vor ihm liegende Strecke bei der Nachuntersuchung aber mind. 20 km sofort zurücklegen kann, ohne Schaden zu erleiden oder Schmerzen zu ertragen.)
- Pferde, die bei Voruntersuchungen/Verfassungsprüfungen innerhalb der letzten 10 Tage ausgeschlossen wurden, sind ebenfalls noch nicht wieder startberechtigt.

Die Distanzsportler haben *fair*standen!

Aber nicht nur für die Vierbeiner, auch für die zweibeinigen Sportler ist das Reglement eindeutig:

Merke!

- Für TN unter 18 Jahren besteht Helmpflicht (splittersicher mit 4 Punkt Anbindung nach DIN) auf allen Distanzritten **und** -fahrten!
- Die übrige Ausrüstung ist freigestellt, muss jedoch verkehrssicher sein. Außerdem können Veranstalter in ihrer Ausschreibung besondere Auflagen diesbezüglich aussprechen.
- TN unter 14 Jahren, die an Kurzen oder Langen Distanzritten teilnehmen wollen, müssen mindestens einen Einführungsritt in der Wertung beendet haben oder im Besitz eines Reitpasses oder einer vergleichbaren Qualifikation anderer Reiter-Fachverbände sein!
- Jeder TN ist während der gesamten Veranstaltung zu sportlich fairer Haltung, reiterlicher Disziplin und Rücksichtnahme gegenüber seinem Pferd und den übrigen Teilnehmern verpflichtet!
- Unreiterliches unsportliches Verhalten bzw. fremde Hilfe ist bei Distanz-Wettbewerben ebenso wenig gefragt, wie bei anderen Pferdesportveranstaltungen – Reglementierung und Bestrafung inbegriffen!

Fair geht also vor im Distanzsport und deshalb ist einer der Meistbeschäftigten bei entsprechenden Veranstaltungen der Tierarzt – und zwar überwachend und messend und nicht etwa behandelnd. Bei der Voruntersuchung wird ihm das Pferd blanko – also nur mit Halfter oder Trense vorgestellt. Identität und Mindestalter werden gecheckt und dann wird das Tier untersucht. Das besondere Augenmerk liegt auf dem/den ...

- Rücken
- Sattel- und Gurtlage
- Huf(Schutz)
- Kreislauf & metabolischer Zustand
- Herz und Atmung
- Gangwerk (inkl. Vortraben auf festem ebenem Boden)

Hufkontrolle

Dann gibt's da noch die Verfassungskontrollen auf der Strecke (bei Kurzen Distanzen allerdings nur eine bis zwei), die Zielkontrolle u. die Nachuntersuchung. Alle teilnehmenden Pferde müssen vor dem Abtransport auch noch die Transportfreigabe des Tierarztes abwarten bzw. im Anschluss an eine Untersuchung erteilt bekommen, und diese auf der jeweils mitgeführten Checkkarte vermerken lassen, u.a. wegen der bereits angesprochenen möglichen Sperre.
Wen diese Kontrollen, Regularien und §§ an den Turniersport erinnern, liegt sicherlich nicht ganz verkehrt, denn auch im Distanzsport werden Turniere und Championate bis hin zu Weltmeisterschaften bestritten – hätten Sie's gewusst?
Nach so viel Distanzreiter(wettbewerbs)praxis hier noch einige Detailinformationen zur theoretischen Prüfung gem. APO, damit's auch etwas werden kann mit dem Distanzreitabzeichen (Stufe 1):

Grundkenntnisse in Pferdekunde bzw. -haltung

Hier sollte das Wissen aus dem Basispass Pferdekunde dringend aufgefrischt werden. Sicherlich ist es auch im Rahmen des Lehrgangs zum Erwerb des Distanzreitabzeichens sehr sinnvoll einen Tierarzt, einen Hufschmied und vielleicht sogar noch einen Pferdeheilpraktiker oder einen Pferdephysiotherapeuten als Referenten einzuladen bzw. zu Rate zu ziehen um möglichst viel über Pferdekrankheiten und Behandlungsmöglichkeiten zu erfahren, wiedergeben und anwenden zu können.

Die Grundkenntnisse der Reitlehre

sind natürlich ein sehr weites Feld bezogen auf den Distanzsport, denn über die reinen Reittechniken (siehe S. 14–18) hinaus dreht sich in diesem Punkt viel um die Trainingslehre. Ein Pferd (und natürlich auch sich selbst) fit zu machen für einen 25-39 km langen Einführungsritt setzt neben anderem z.B. auch das Wissen um verschiedene Trainingsmethoden voraus. Infos unter: **www. tu-bs. de/ schulen/ Wilhelm-Gym_BS/html/sport/doping/tmeth1.htm**
Nur ein Pferd, das über eine entsprechende Kondition verfügt, rittig und ausgeglichen ist und nicht gleich sein Heil in der Flucht sieht, ist die Grundlage für entspannte Momente im Sattel – ohne Stress wegen anderer Naturnutzer oder der Tierarztkontrollen.
Natürlich ist das Reiten von Distanzritten auch in der Theorie nochmals Thema. Dann dreht sich verbal noch mal alles um die bereits beschriebenen Distanz-Wett-

bewerbe, um das Beurteilen und Einhalten des geforderten Tempos, Höchstzeiten und Zeittore (siehe ABC) und die Orientierung im Gelände plus Wetterkunde. Wer mit dem Reiten nach Karte und Kompass oder den Wetteranzeichen und entsprechenden Konsequenzen noch wenig Routine haben sollte, für den/die empfehlen sich vor allem praktische Übungseinheiten. Und außerdem gibt's da noch folgende geniale Informationsmöglichkeiten:

www.dkrz.de/sat/sat99.html (Satellitenbilder & Wetter)

www.anklicken.com/wwwatlas/index.htm (internat. Infos)

www.naturschau.at/gewitter.html (Gefahren und Regeln)

www.quarks.de/nordpol/04.htm (Magnetfeld / Kompass)

Theoretisch geht's dann auch noch um das

Korrekte Verhalten im Straßenverkehr bzw. in Feld und Wald

(s. Wanderreitabzeichenabschnitt). Was den Einsatz der transportablen Weidezäune betrifft, so sind sowohl die Hinweise des Herstellers zu beachten als auch nachzufragen (Eigentümer/Gemeinde- oder Stadtverwaltung), ob ein Aufstellen erlaubt/geduldet ist. Bliebe noch die theoretische Prüfung im Falle eines Falles – sprich über das

Verhalten bei Unfällen

Präventiv verlangt das Distanzreitabzeichenreglement ja bereits von jedem Reiter während eines Wettbewerbs z. B.

- sportlich faire Haltung,
- reiterliche Disziplin und
- Rücksichtnahme gegenüber dem eigenen Pferd und den übrigen Teilnehmern.

Dies ist jedoch keine Garantie für Unfallfreiheit und

Sehr beliebt wegen seiner Trittsicherheit und seines Durchhaltevermögens: Der Isländer

Auch Warmblüter sind im Wander- und Distanzsport zu Hause.

enthebt den Aktiven auch nicht der Verantwortung, bei einem Zwischenfall bzw. in Notsituationen verantwortungsbewusst handeln zu können. Wer 1.Hilfetechnisch auf dem Laufenden sein will, hat also entweder einen entsprechenden Beruf oder absolviert regelmäßig entsprechende Aus- bzw. Fortbildungen, um im Falle eines Falles wirklich fit zu sein. Derartig auf dem Laufenden ist dieser theoretische Prüfungsteil dann sicherlich reine Routine, wenn er hoffentlich auch praktisch nur selten oder gar nicht Anwendung findet.

Bliebe noch abschließend der Hinweis, dass es die Möglichkeit gibt, auch noch das Distanzreitabzeichen Stufe 2 und sogar Stufe 3 zu erwerben. Sportlich und theoretisch – wie wir finden – eine echte Herausforderung, denn außer um das Absolvieren eines Mittleren Distanzrittes (bzw. 160 km Distanzrittes in Stufe 3) geht es u.a. um leistungsorientierte Fütterung und Haltung, um reiterlichen Natur- und Umweltschutz, um Genehmigungsverfahren von Distanzritten, um (vertiefte) Kenntnisse des FEI-Reglements und um organisatorische Besonderheiten für Auslandstarts (Grenzformalitäten, Veterinärbestimmungen, ..., siehe z. B. **www.gwiescher.de**). Worauf also noch warten, wenn alle Vorbedingungen passen und das Urteil der Prüfungskommission zum Abschluss der ersten Stufe lautet: **BESTANDEN!**

Aber auch hier möchten wir es nicht versäumen noch einige Internettipps anzufügen: siehe Seite 46.

Gelände – ABC

Wie bei dieser Ratgeberreihe üblich, schließt auch dieser Band mit einem kleinen Mini-Lexikon zur Thematik. Sollten Sie beim Nachschlagen das eine oder andere Schlagwort vermissen, empfehlen wir auch an dieser Stelle die übrigen Mini-Lexika dieser Reihe. Zusammengenommen sind die vielen Kleinen nämlich richtig groß(artig)!

-A-

▸ **Abschlagen:** Die Hunde / Meute mit Hilfe der Hetzpeitsche von einer falschen Fährte abbringen bzw. Abbruch der Suche auf richtiger Fährte & sammeln.

▸ **Ankoppeln:** Zusammenbinden von Meutehunden. Je zwei bilden eine Koppel – der eine Routinier, der andere Youngster.

▸ **Annehmen:** Das Finden der Fährte durch den Kopfhund der Meute.

▸ **Ansetzen:** Kontakten der Meute mit der Fährte bzw. dem Beginn der Schleppe.

▸ **Anziehen:** Besonderes, beherztes Herangehen eines Pferdes an einen Sprung.

▸ **Aufreiten:** (gefährliches) Aufschließen auf den Vordermann. Achtung! Ungenügender Abstand kann gefährlich sein/werden!

▸ **Aufschließen:** Zum einen das Einhalten des korrekten Abstandes in einer geschlossenen Reiterformation, zum anderen das Einholen der voranreitenden Gruppen im Jagdfeld.

Koppel

▸ **Ausbrechen:** Verweigern bzw. Wegdrängen eines Pferdes direkt vor dem Hindernis.

▸ **Ausrüstungspflege:** Für Geländereiter lebenswichtig!

Ausrüstungspflege

▸ **Ausschreibung:** Veröffentlichung der Angebote und Bedingungen zur Teilnahme an einem Reitturnier oder an einer Reitjagd.

-B-

▸ **Beagle:** Kleine Brackenrasse

▸ **Behang:** Fachausdruck für die Ohren des Hundes.

▸ **Behindern:** Unerlaubte / unschöne, teils gefährliche Beeinträchtigung von anderen Jagdteilnehmern.

▸ **Bracke(n):** (Lauf-) Hunderassen.

▸ **Brandzeichen:** Auch bei anderen Reittieren nicht unübliche Kennzeichnung (siehe Foto).

▸ **Bruch:** Kleiner Eichen- bzw. Fichtenzweig, der am Ende einer Reitjagd an alle Teilnehmer, die die Jagd bis zum Ende mitgeritten sind, überreicht wird.

-C-

▸ **Curée:** frz. für genossenmachen der Hunde. Durch ein eigenes Signal eingeleitetes Vorlegen / Verspeisen von Rinderpansen durch die Meute am Ende einer Schleppjagd.

-D-

▸ **Decke:** (Körperbedeckendes) Haarkleid bei Hunden und Pferden.

▸ **Distanzreitpferde:** Sind nicht etwa Pferde einer bestimmten Rasse, sondern zähe, gesunde, gut konditionierte, nicht all zu große Vierbeiner. Bei (inter-) nationalen Langstreckenritten starten allerdings überproportional viele hoch im Blut stehende Pferde (s. z.B. auch **www.pferde-internet.de/html/body_distanzreiten.htm**).

▸ **Distanzreitwettbewerbe:** Deutschland- und europaweit finden inzwischen jährlich unzählige Veranstaltungen statt, sie sind z.B. zu finden unter **www.vdd-aktuell.de/Veranstaltungen.htm** oder **www.distanzreiten-online.de** oder http.//psvr.pferd-aktuell.de/un_sport/distanzreiten.htm

▸ **Draghunting:** engl. für Schleppjagd

▸ **DRP:** Deutscher Reitpass

Dromedar mit Nummernbrand

Curée

-E-

▸ **Equipage:** Oberbegriff für Schlepper, Master, Huntsman, Piköre und Meute.

-F-

▸ **Fährte:** Die aneinander gereihten Trittsiegel beim Schalenwild (z.B. Hirsche, Rehe, Sauen).

▸ **Fährte legen:** Schleppjagdmeuten jagen auf künstlicher Fährte. Sie wird vom Schlepper bzw. durch dessen am Sattel befestigten Tropfkanister (mit vorbereiteter hochverdünnter Lake) ausgebracht.

▸ **Fair (play):** Sportlich einwandfreies, vorbildliches, nicht auf den eigenen Vorteil bedachtes Verhalten.

▸ **Fang:** Maul des Hundes (und auch des Raubwildes).

▸ **FEI:** Fédération Equestre Internationale (Internationale Reiterliche Vereinigung)

▸ **Feld:** Die verschiedenen Formationen bei einer Reitjagd werden z.B. wie folgt bezeichnet: springendes oder nicht springendes Feld; 1., 2. oder 3. Feld.

▸ **Feldführer:** „Master“ dieses Feldes.

▸ **Fit in den Sattel:** Gymnastik – für Geländereiter selbstverständlich!

▸ **Foxhound:** speziell für die Jagd auf den Fuchs gezüchtete Brackenart(en) z.B. engl. Foxhound (Kurzhaar) oder Welsh Foxhound (Langhaar).

▸ **Foxhunting:** engl. für Fuchs-, Reitjagd.

▸ **Fuchsschwanz:** Bei einer Jagd ohne Meute trägt ein Reiter die Lunte eines Fuchses um diesen zu symbolisieren.

▸ **Fuchslosung:** Exkremente des Fuchses.

Fit in den Sattel

-G-

▸ **Geländeritte:** Sowohl ausschließlich der Erholung dienende Ausflüge von Reiter und Pferd ins Gelände, als auch anlässlich von Turnieren ausgetragene Prüfungen / Wettbewerbe, die mit Zeitlimits querfeldein und über natürliche & künstliche Hindernisse führen.

▸ **Geländesprünge:** Neben den natürlichen Hindernissen, wie z.B. Tore(n), Hecken, Bäume, Gräben oder Niveauunterschiede gibt es auch noch speziell angelegte, dem Gelände angepasste feste künstliche Hindernisse wie z.B. Ricks oder Oxer aus (Telegrafen-) Masten über trockene oder feuchte Gräben.

▸ **Geläuf:** 1. Boden / Untergrund auf dem eine pferdesportliche Veranstaltung (Reit-/Fahrturnier, Jagd, Wanderritt…) stattfindet. 2. Die Trittsiegel beim Federwild heißen weder Fährte noch Spur, sondern Geläuf.

▸ **Genossen machen:** dt. für Curée. Der „Beuteanteil", den die jagenden Hunde – sprich die Meute – als Belohnung für ihre Mühen am Ende der Jagd genießen darf. Natürlich sind dies heute keine Innereien des Wildes mehr, sondern Rinderpansen.

▸ **Geschlossen:** Ein Jagdfeld dessen Teilnehmer dicht beieinander reiten bzw. jagen wird als geschlossen bezeichnet.

-H-

▸ **Haftpflichtversicherung:** mindestens notwendige Versicherung eines Pferdebesitzers (s.a. Ratgeber Pferdekauf S.22).

▸ **Halali:** Signal der Parforce Jagd; Jagd-Ende; Stellen bzw. Erlegen des Wildes; Ausruf der Jagdgesellschaft.

▸ **Halali-Platz:** Ort, an dem die Jagd beendet wird / stimmungsvoll ausklingt.

▸ **Hetzpeitsche:** ca. 0,5 m kurze Peitsche mit rechtwinkliger Krücke am oberen und 2 m langen ledergeflochtenem zulaufendem Schlag am unteren Ende.

Hetzpeitsche

▸ **Höchstzeit:** Bei Distanzritten ist diese bereits in der Ausschreibung anzugeben. Bei mittleren und langen Wettbewerben soll sie ca. das zweifache der zu erwartenden Bestzeit betragen (ca. Tempo 7 – 9) und bei kurzen Distanzwettbewerben bzw. bei Einführungsritten soll sie je nach Gelände bei ca. Tempo 8 – 12 liegen.

▸ **Horsemanship:** rundum pferdekundige/s Person bzw. Handeln.

▸ **Hubertusjagd:** Festliche Treib- oder Reitjagd um den 3. November = Namenstag des Schutzpatrons der Jäger.

▸ **Hufbeschlag:** fachmännisch verpasster, gut sitzender und gepflegter Abriebschutz für die „Pferdefüße".

▸ **Hunter:** In England und Irland aus Vollbluthengsten und schweren Stuten gezogene Pferde, Gewichtsträger mit ausgezeichnetem Galoppier- und Springvermögen.

-I-

▸ **Inzucht:** Zucht mit eng blutsverwandten Tieren.

-J-

▸ **Jagd zu Pferde:** lt. Reichsjagdgesetz von 1934 ist sie in Deutschland nur noch als Reitjagd (ohne Hunde) und als Schleppjagd (hinter einer Meute) erlaubt.

▸ **Jagdgalopp:** Freier, raumgreifender, jagdüblicher Galopp.

▸ **Jagdherr:** Veranstalter, Gastgeber.

▸ **Jagdordnung:** Grundregeln der Jagd zu Pferde.

▸ **Jointmaster:** Gleichberechtigte Master (einer Meute).

-K-

▸ **Kennel:** Hundezwinger, Hundehaus der Meute.

▸ **Kompass:** Gerät zur Bestimmung der Himmelsrichtung – soll eine Erfindung der Chinesen sein, die älteste Nachricht über die Benutzung in Europa stammt 1190 n.Chr. von Huynes de Bercy.

▸ **Konditionspreis:** Auf Distanzwettbewerben kann ein Konditionspreis vergeben werden. Dieser ist von den Wettbewerbstierärzten zu ermitteln / durchzuführen.

▸ **Kopfhund:** Der schnellste, spursicherste, eine Meute anführende, animierende Hund.

Kopfhund

▸ **Koppel:** In Deutschland und England wird die Zahl der Hunde einer Meute in Koppeln angegeben. 2 Hunde = 1 Koppel.

-L-

▸ **Läufe:** Beine des Hundes / Wildes.

▸ **Läuten:** Bellen / Laut geben der Hunde / Meute auf der Schleppe.

▸ **Lediges Pferd:** Reiterloses Pferd.

▸ **Losung:** Exkremente des Wildes.

▸ **Lunte:** Schwanz / Schweif des Fuchses.

-M-

▸ **Magnetkompass:** Bei diesem Kompass stellt sich eine Magnetnadel unter Einwirkung des magnetischen Erdfeldes in Nord-Süd-Richtung ein. Eine Windrose (Einteilung eines Kreises in Himmelsrichtungen), über der die Kompassnadel spielt, ermöglicht es, die gesuchte Richtung abzulesen.

▸ **Master:** Der Anführer / Leiter eines Jagdfeldes bei der Jagd zu Pferde (Feldmaster).

▸ **Messrad:** Gerät mit Rad und Umdrehungszähler zum Messen von Längen, z.B. zum Messen von kurzen Strecken im Freien.

▸ **MFH:** Master of Foxhounds (bei Foxhound Meuten).

▸ **MH:** Master of Hounds.

▸ **Meute:** Hunde bei einer Schleppjagd.

-O-

▸ **Oxer:** Bezeichnung für Hochweitsprünge – sowohl im Turniersport wie auch im Gelände.

-P-

▸ **Pace:** Tempo (bei der Jagd oder beim Rennen).

▸ **PAT-Werte:** P = Puls / A = Atmung / T = Temperatur.

▸ **Parforce-Jagd:** In Deutschland gebräuchlicher Ausdruck franz. Ursprungs, der das Stellen und zur Strecke bringen von (lebendem) Wild mit Hilfe von Hunden bezeichnet.

Wenn der Spiegel fehlt ... irgendwie klappt's doch mit dem Plastron!

▸ **Passieren:** Überholen.

▸ **Pedigree:** Stammbaum bei Pferd & Hund.

▸ **Pikör:** Aus dem franz. stammende Bezeichnung für die Gehilfen des Masters / Huntsman.

▸ **Plastron:** Gerade beim Jagdreiten keine Attrappe, sondern ein langer, breiter gebundener Schlips, der insbes. früher des Öfteren als Binde, Bandage oder Hundeleine zweckentfremdet wurde und daher kein Schmuck, sondern so etwas wie ein survival-pack war.

▸ **Preise:** Bei Distanz-wb wird jeder TN in der Wertung mit z.B. Stallplakette oder Schleife geehrt.

▸ **Pullen:** Das auf die (Reiter-)Hand gehen eines Pferdes bedingt durch einen enormen Vorwärtsdrang. Häufig aber leider auch ein Ausbildungsfehler.

▸ **Pulsschlag:** Innerhalb von 20 Minuten muss der Pulsschlag des Pferdes bei Distanzritten auf 64 Pulsschläge herunter gehen, um nicht disqualifiziert zu werden.

-R-

▸ **Reflektoren/Sicherheitslampen:** für die, die auch im Dunkeln unterwegs sind – und nicht übersehen werden wollen – ein Muss!

▸ **Reitjagd:** Jagd zu Pferde ohne Hunde auf vorbereiteter Strecke.

▸ **RG:** Règlement Général der FEI (GR General Regulations / SR Rules of Endurance Riding).

▸ **Rittigkeit:** Insbesondere Pferde, die im springenden Feld einer Schleppjagd geritten werden, sollten über ein hohes Maß an „Sitzkomfort" und Rittigkeit verfügen. D.h. sie sollten gehorsam auf kleinste Hilfen reagieren und so dem Reiter Gelegenheit geben Meute, Pace und Natur zu genießen.

▸ **Rüde:** Männlicher Hund.

▸ **Rute:** Schwanz des Hundes.

-S-

▸ **Scent:** Witterung. Nur für Hunde wahrnehmbare Ausdünstung einer Fährte.

▸ **Schleppe:** Tropf- oder Schleppspur bei einer Schleppjagd. Künstliche Fährte / Spur, der die Meute anstelle einer echten Wildspur vom Stelldicheinplatz bis zum Halaliplatz folgt.

▸ **Schlepper:** Reiter, der meist mit Hilfe eines (Tropf-) Kanisters die künstliche Fährte/Spur für die Meute legt.

Sicherheitsleuchte

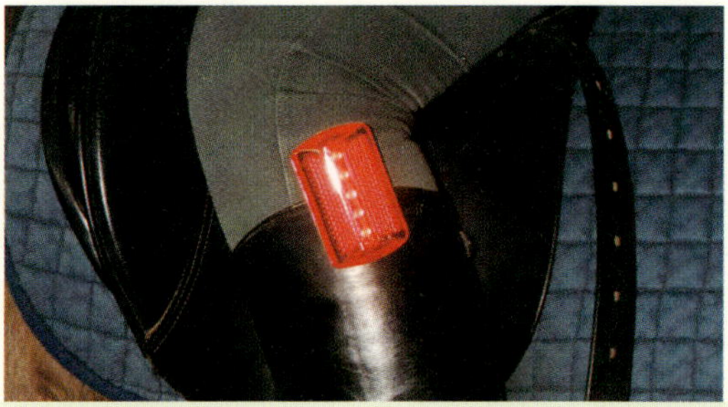

▸ **Schleppjagd:** Jagd hinter der Meute auf zuvor präparierter Strecke. Die Meute folgt dem „Scent“.

▸ **Schnitzeljagd:** Jagd ohne Hunde, bei der mit Hilfe von Papierschnitzeln eine Fährte gekennzeichnet wird, der zu folgen ist.

▸ **Start:** Bei Distanzritten gibt es mehrere Arten zu starten. Auf langen markierten Distanzritten starten alle Teilnehmer zur gleichen Zeit = Massenstart. Bei allen anderen Ritten ist auch Einzel- bzw. Gruppenstart oder gleitender Start möglich. Die Art des Starts ist in der Ausschreibung anzugeben.

▸ **Stelldicheinplatz:** Sammelplatz (Abreiteplatz) der Teilnehmer an einer Schleppjagd.

▸ **Stop:** Längerer Aufenthalt / Ruhepause, bei einer Jagd zu Pferde.

▸ **Spanischer Sattel:** Gerade bei den Wanderreitern besonders beliebt, Sättel aus anderen Ländern/Reitweisen.

▸ **Spur:** Folge von Trittsiegeln beim Haarwild (so z.B. Fuchs, Hase, Kaninchen).

-T-

▸ **Teilnehmergebühren:** Sind bei Distanzwettbewerben zu entrichten – bestehen aus Nenngeld und Startgeld, die das Präsidium jährlich festsetzt.

▸ **Tempo:** zu beachtendes, vorgegebenes Zeit-Strecke (Distanz)-Verhältnis.

▸ **Tiefjagen:** Hunde / Meute, die bellend mit gesenkter Nase einer (Wild-) Fährte folgen.

▸ **Tierschutzgesetz:** Teil der Theorieprüfung beim Jagd-/Wander- & Distanzreitabzeichen.

▸ **TN** = Teilnehmer.

▸ **Topographische Karte:** Karte a.d. nicht nur Distanzen, sondern z.B. auch Höhen und Bodenmerkmale ersichtlich sind.

-U-

▸ **Überschießen der Fährte:** Von Übereifer und Jagdfieber gepackte Meute, die die (rechtwinklig) abknickende Fährte zunächst nicht bemerkt, sondern „begradigt“ und dann neu loslegen muss. Reiter sollten diese Situation gelassen nehmen, denn Hasen würden noch mehr Winkel schlagen als Schlepper, in der Hoffnung sich der Verfolger zu entledigen.

-V-

▸ **Valery Kanavy (USA):** Mehrfache Weltmeisterin im Distanzreiten. Die Gesamtzeit für ihren 160 km (Sieges-)Ritt 1998 durch die Wüste zwischen Abu Dhabi und Dubai betrug im Übrigen neun Stunden.

▸ **VDD:** Verein Deutscher Distanzreiter und -fahrer mit Geschäftsstelle in 45527 Hattingen, e-mail: **GSVDD@t-online.de** und der homepage **www.vdd-aktuell.de/distanzreiten.htm.**

▸ **VDD-Regionalbeauftragte(r):** Prüft und genehmigt Distanzveranstaltungen und ist auch an außergewöhnlichen Entscheidungen wie z.B. Abbruch bei höherer Gewalt beteiligt.

▸ **Verfassungsprüfung:** (Pferde-) Gesundheitscheck.

▸ **Vorbeireiten:** Anders gesagt: überholen. Genau wie bei einer (Dressur-) Abteilung beim Turnier hat auch im Jagdfeld jeder auf dem einmal eingenommenen Platz zu bleiben. Ein Vorbeireiten am Master oder Fuchs(reiter) ist grundsätzlich untersagt.

▸ **Vormustern:** Vorstellung des Pferdes (an der Hand)

-W-

▸ **Wb** = Wettbewerb.

▸ **Wechsel:** Bezeichnung für den Pfad / die Stelle, auf der Wild gewohnheitsmäßig (zwischen Futter- & Ruheplätzen) hin und her zieht.

▸ **Welpe:** neugeborener (frisch „gewöfter") Hund.

▸ **Wertung:** Mittlere und lange Distanzwettbewerbe sind nach gebrauchter Zeit zu werten (Der Schnellste gewinnt und zeitgleiche Teilnehmer werden gleich platziert. Kurze Distanzwettbewerbe können entweder nach Zeit, nach Leistungsklassen oder nach einer Punktewertung aus Zeit, Pulswerten und / oder Sonderprüfungen (z.B. Umgang mit Geländeschwierigkeiten) gewertet werden.

▸ **Wetterkunde:** theoretische Teilprüfung beim Wanderreit-& Distanzreitabzeichen.

▸ **Wildfährte:** siehe Fährte, Geläuf & Spur.

▸ **Whip:** engl. für Hetzpeitsche.

▸ **Witterung:** Aufspüren / Wahrnehmen von Nahrung oder (Fress-)feinden durch die Hunde / das Wild – vornehmlich durch den Geruchssinn.

▸ **Wolf Kröber:** Mister „Equitana" veranstaltete 1969 den ersten Nachkriegsdistanzritt in Deutschland (50 km Ritt in/um Ankum).

▸ **Wölfen:** Insiderausdruck für das Gebären bei Hunden und Wölfen.

▸ **Wurf:** gleichzeitig geborene Nachkommenschaft bei Hunden und Wölfen.

-Z-

▸ **Zeitnahme:** Die Zeit bei Distanzwettbewerben wird entweder in Minuten oder in Sekunden gemessen. Bei Zeitnahme in Minuten wird immer auf die vorhergehende Minute abgerundet. Die Art der Zeitnahme findet sich in der jeweiligen Ausschreibung.

▸ **Zeittore:** Bei mittleren und langen Distanzwettbewerben sind nach vorheriger Ankündigung Höchstzeiten für Teilstrecken (=Zeittore) zulässig. Es darf kein schnelleres Reiten als das Tempo der Höchstzeit gefordert werden.

▸ **Zucht:** Tierhaltung zum Zweck der Fortpflanzung (unter ganz speziellen Gesichtspunkten / Wünschen).

▸ **Zur Strecke bringen:** Das Erlegen des Wildes.

▸ **Zwinger:** 1. Die Zuchtstätte von Hunden. 2. Meuteaufenthaltsort (Haus und eingezäunter Auslauf) siehe Kennel.

Service
Zum Weiterlesen & Vertiefen

Gast, U. /Gast, C.: Sattelfest?!
FN Verlag, Warendorf 2000
Gast, U. /Gast, C.: Reiten lehren lernen;
FN Verlag, Warendorf 1999
Dörken / Stegmann: Handbuch Jagdreiten;
FN Verlag, Warendorf 1999
Loving, N.: Distanzreiten;
Olms Georg AG, Hildesheim 2001
Hitzler, B.: Herausforderung DistanzReiten;
BLV, München 2001
Arz, C.: Faszination Wanderreiten;
Müller Rüschlikon, Stuttgart 1998
Diacont, K.: Wanderreiten – aber richtig;
Kierdorf Verlag, Kierdorf 1994

Und noch ein besonderer Tipp für Video- und DVD-Fans:
Jagdreiten – Freiheit im Galopp;
TV-Produktion, 27299 Langwedel-Völkersen

aus dem Kosmos Verlag:

Bender, I.: Praktische Pferdehaltung;
Optimal versorgt – in Auslauf, Stall und Weide;
Kosmos Verlag, Stuttgart 2000
Gohl, C.: Pferdekunde; Basiswissen rund ums Pferd;
Kosmos Verlag, Stuttgart 2000
Hölzel, P.: Basis-Pass Pferdekunde; Vorbereitung auf die praktische und theoretische Prüfung;
Kosmos Verlag, Stuttgart 2000
Hölzel, P. / Hölzel, W.: Mentales Training für Reiter;
Kosmos Verlag, Stuttgart 2000
Hölzel, P. / Hölzel, W.: Das Reitabzeichen; Vorbereitung auf die praktische und theoretische Prüfung;
Kosmos Verlag, Stuttgart 2000

Nützliche Adressen / Internettipps

Basis-& Reitpass:
www.pferd-aktuell.de

Jagdreiten:
siehe Seite 11

Wanderreiten:
www.wanderreiten.de / www.wanderreiten.net /
www.pferdecity.de/3761.htm
www.treckingnet.de
www.Lvrp.de/reittour.htm
www.reitferien-portugal.com
www.pferdreiter.de/mitreiter
www.cavallo.de
www.board.html / www.erlebnisreiten.de
www.trekkingnet.de / www.hufgefluester.de
unzählige weitere Möglichkeiten unter:
www.metager.de / www.yahoo.de
www.lycos.de / www.google.de
Suchbegriff in allen Fällen: Wanderreiten

Distanzreiten:
www.metager.de // www.google.de //
www.yahoo.de // www.lycos.de
Suchbegriff in jedem Fall: Distanzreiten //
weiter geht's bei:
www.vdd-aktuell.de/distanzreiten.htm
www.distanzcheck.de
www.pferd-aktuell.de/un_sport.htm oder
www.pferd-aktuell.de/distanzr.htm // www.distanzreiten-online.de oder www.distanzreiten.de
www.dkrz.de/sat/sat99.htm
www.happy-riders.de

Und wem das alles noch nicht reicht, für kleine und große Leseratten noch mehr Tipps auf Seite 48!

Impressum

Umschlag von eStudio Calamar unter Verwendung von zwei Farbfotos von Ulrike Gast.

Mit 59 Farbfotos von Ulrike Gast.

Die Deutsche Bibliothek –
CIP-Einheitsaufnahme
Ein Titelsatz für diese Publikation ist bei der Deutschen Bibliothek erhältlich.

Gedruckt auf chlorfrei gebleichtem Papier

Außerdem sei an dieser Stelle allen gedankt, die sich nicht nur haben fotografieren lassen, sondern auch noch stundenlang Fragen beantwortet und Hintergründiges preisgegeben haben – ein stellvertretendes Dankeschön der Niedersachsenmeute.

ISBN 3-440-09389-1
Redaktion: Katja Metzler
Gestaltungskonzept: eStudio Calamar
Satz: Atelier Krohmer, Dettingen / Erms
Produktion: Kirsten Raue / Markus Schärtlein
Reproduktion: Master Image, Singapur
Printed in Germany / Imprimé en Allemagne
Druck und Bindung: Huber KG, Dießen

Alle Angaben in diesem Buch erfolgen nach bestem Wissen und Gewissen. Sie entbinden den Pferdehalter nicht von der Eigenverantwortung für sein Tier und können insbesondere die tierärztliche Untersuchung und Behandlung nicht ersetzen.

Postfach 10 60 11
D-70049 Stuttgart
TELEFON +49 (0)711-2191-0
FAX +49 (0)711-2191-422
WEB www.kosmos.de
E-MAIL info@kosmos.de

KOSMOS

Ratgeber Pferde

Aus der Praxis für die Praxis

Ulrike und Christiane Gast
Der richtige Sitz – Die Reiterhilfen
ISBN 3-440-09390-5

Ulrike und Christiane Gast
Das Große und Kleine Hufeisen – Die Reiternadel

ISBN 3-440-09200-3

Für vielseitige Reiter ideal: Ein Abzeichen, das man mit einer anderen Sportart kombinieren kann! Mit Tipps zum glänzenden Bestehen. Kompaktwissen für den Reitalltag, für Prüfung und Turnier.

Ulrike und Christiane Gast
Der erste Turnierstart
ISBN 3-440-009198-8

Ulrike und Christiane Gast
Der Pferdekauf
ISBN 3-440-09201-1

Ulrike und Christiane Gast
Die Gelände-Reitabzeichen
ISBN 3-440-09389-1

Ulrike und Christiane Gast
Voltigieren
ISBN 3-440-09199-6

Jeder Band mit 48 Seiten, ca. 60 Farbfotos, kartoniert

www.kosmos.de